남북한 젊은 세대의 통일관

서울대학교통일학연구총서 23

남북한 젊은 세대의 통일관

초판 1쇄 인쇄 2015년 8월 5일
초판 1쇄 발행 2015년 8월 10일

지은이 강원택 외
펴낸곳 서울대학교출판문화원
펴낸이 성낙인

책임 편집 박희자

출판등록 제15-3호

주소 151-742 서울 관악구 관악로 1
대표전화 02-880-5252 | **팩스** 02-888-4148
마케팅팀(주문상담) 02-889-4424, 02-880-7995
이메일 snubook@snu.ac.kr
홈페이지 www.snupress.com

ISBN 978-89-521-1754-0 94330
978-89-521-1029-9 (세트)

서울대학교통일학연구총서 23

남북한 젊은 세대의 통일관

강원택 · 이재철 · 조진만 · 한정택 · 김새미

서울대학교출판문화원

Political Attitude of South and North Korean Young Generation: A Comparative Analysis

Won-Taek Kang, Jae-Chul Lee, Jin-Man Cho, Jung-Taek Han,
and Sae-Mee Kim

Seoul National University Press

서울대학교통일학연구총서를 내면서

냉전체제가 와해되고 남북교류가 증대하면서 21세기 한반도의 창조적 미래구상이 절실히 요청되고 있다. 우리의 희망과는 달리 남북관계는 여전히 불안정하고 국제정세 또한 유동적이지만, 상호 적대적인 분단체제는 더 이상 유지되기 어려운 상황임이 분명하다. 민주화와 경제발전을 성공적으로 이룩한 우리 사회의 역량을 바탕으로 이제 통일한국의 미래를 기획하고 추진하는 일이 핵심적인 시대적 과제로 부각되고 있다.

어떤 형태의 통일이 바람직할 것인가에 대해 완전한 합의를 얻기는 쉽지 않다. 통일이 이루어질 시기를 예측하기도 어려우며, 통일 과정이 반드시 점진적이거나 평화적일 것이란 보장도 없다. 우리가 원치 않는 방식으로 통일문제에 맞부딪치게 될 가능성도 얼마든지 있다. 그럼에도 불구하고, 아니 그렇기 때문에 통일에 대한 연구는 더욱 총체적인 시야에서 체계적으로 이루어져야 한다. 실제로 통일 과정에 돌입했을 때 그 전 과정을 적절히 관리할 역량이 갖추어지지 못하면 오히려 심각한 갈등과 후유증을 겪을 우려가 크기 때문이다.

통일 논의가 구체화되고 정책적 실현가능성이 높아질수록 그에 적합한 전문성과 책임성을 갖추기 위해 노심초사해야 하는 것이 한국 지식인의 책무일 것이다. 반세기 이상 남북한 주민들이 경험해 온 상이한 제도와 관행을 적절히 통합하고 전쟁의 상처와 오랜 대립에서 비롯되는 적대감과 이질성을 극복하기 위해서는 고도의 전문성과 기획력이 무엇보다도 필요하다. 한반도 통일을 바람직한 동북아 지역 질서와 연계시키고 보다 나은 공동체를 구현하는 일도 지식인들의 높은 식견과 섬세한 대응역량이 없이는 불가능하다.

서울대학교는 2003년부터 통일학 연구 지원사업을 시작하였고, 우리 사회의 지적 대응능력을 키우는 데 진력하고 있다. 서울대학교의 통일 연구 사업은 북한에 대한 지역연구 차원을 넘어서 통일 과정 전반에서 고려되어야 할 쟁점들을 학제적으로 분석하는 데 목적을 둔다. 따라서 정치, 경제, 사회, 역사, 문화, 환경의 영역은 물론이고 농학과 의학, 과학기술과 예술 및 체육에 이르기까지 광범위한 영역을 포괄한다. 이 일을 총괄하는 서울대학교 통일평화연구원은 국내외의 연구기관 및 연구자들과 교류하면서 종합 학문으로서의 통일학을 정립하고자 애쓰고 있다.

서울대학교통일학연구총서는 이러한 학문적 노력의 결실이다. 이 신서가 우리 시대 최대의 과제인 분단극복과 통일한국을 향한 역사적 장정에 긴요한 지적 자산이 되기를 기대한다. 또한 소모적인 이념 논란을 지양하고 창조적인 대안과 정책적 지혜를 탐색하는 이성적 도구로 활용되기를 바란다.

끝으로 통일 연구의 시대사적 중요성을 인식하고 서울대학교 통일연구 사업의 제도적 바탕을 마련해 주신 정운찬 전 총장님과 변함없이 이 연구사업을 지원, 격려해 주신 이장무 전 총장님, 그리고 종전의 통일평화연구소를 통일평화연구원으로 승격하여 새로운 도약과 발전의 기틀을 마련해 주신 오연천 총장님께 깊은 감사를 표한다.

2011년 9월

서울대학교 통일평화연구원

머리말

1945년 해방 이후 미군과 소련군이 남북한에 각각 주둔한 것이 벌써 70년 전의 일이고, 6·25전쟁의 종식과 함께 한반도가 분단된 것이 62년 전의 일이다. 결코 짧다고 할 수 없는 이 기간 동안 남한과 북한은 완전히 분리되었고, 사실상 극히 제한된 정부 차원에서의 접촉을 제외한다면 완전히 단절된 삶을 각각 영위해 왔다.

이처럼 남한과 북한에서 상이한 체제가 확립되고 상호 배타적인 형태로 사회가 발전해 오면서, 남한과 북한은 이제 여러 가지 면에서 이질적인 체제가 되었다. 경제력의 차이에 따른 남한과 북한의 삶의 방식은 너무나도 다르며, 정치적으로도 남한의 민주적 공고화와 북한의 3대 세습 체제는 어떤 형태로도 유사성을 찾기가 어렵다.

그런데 이와 같이 남북한 두 사회가 단절의 상태로 오랜 기간 상이한 경로를 거치며 살아오면서 남북한은 단지 정치체제의 다름, 경제력의 격차뿐만 아니라, 두 사회의 주민들이 지니는 가치, 인식, 태도에서도 상당한 차이를 보일 수밖에 없게 되었다. 개인의 가치와 태도는 불가분의 관계로 체제와 제도 및 그 제도가 추구하는 가치에 의해 영향을 받을 수밖에 없으며, 이는 또한 교육 및 사회화의 과정을 통해 체화되고 전수될 것이기 때문이다.

이 책은 바로 이러한 문제의식에서부터 출발했다. 이제 남한과 북한이 사실상 두 개의 이질적인 사회가 되었다면, 여러 면에서 두 지역 주민들의 생각이나 가치가 달라질 수밖에 없다는 것이다. 특히 이와 같은 사회의식의 차이는 상호 접촉과 교류의 경험이 부재한 상황하에서 성장해 온 젊은 세대의 경우 더욱 뚜렷하게 나타날 수밖에 없을 것이라는 것이 우리가 처음 공유한 문제의식이었다.

상호 교류가 단절된 두 개의 격리된 세계에서 성장해 온 젊은 세대의 경우에는 상당한 의식과 태도의 차이를 나타낼 것으로 보았다. 특히 최근 세계화로 인한 영향까지 고려하면 그 차이는 더욱 클 것으로 보인다.

우리는 다양한 의식과 태도의 차이 가운데 특히 정치적 태도와 통일을 바라보는 시각에 주목했다. 정치적 태도의 차이에 주목한 것은 두 지역의 젊은 세대가 정치적으로 매우 상이한 환경에서 자라났기 때문이다. 남한의 젊은 세대는 대다수가 1987년 이후에 태어났거나 적어도 그 이후 학교 교육을 받기 시작한 '민주화 이후의 세대'인 반면, 북한의 경우에는 여전히 전체주의적인 체제하에 놓여 있을 뿐만 아니라, 김일성－김정일－김정은으로 이어지는 3대 세습을 정치적으로 수용해야 했던 세대이다. 이러한 정치 환경의 차이가 민주주의에 대한 태도, 정치제도에 대한 신뢰에 어떤 영향을 미치는지에 대해 살펴보고자 했다.

통일에 대한 시각에도 젊은 세대 간 차이가 있을 것으로 보았다. 한반도의 분단 이후 통일은 남북한 양쪽에서 공히 반드시 성취해야 할 민족적 과제로 수용되어 왔다. 그러나 분단 및 상호 단절의 장기화와 함께 통일을 바라보는 시각에 변화가 나타나고 있다. 이러한 변화는 특히 분단 이전의 기억 혹은 냉전의 경험을 갖지 않고 성장해 온 젊은 세대에게서 보다 분명하게 나타나고 있다.

다시 말해, 기성세대가 통일에 대한 강한 욕구와 북한에 대한 적개심을 동시에 가지고 있다면, 이와 달리 젊은 세대의 경우에는 북한에 대해 무관심할 뿐만 아니라, 통일의 필요성에 공감하지 않는 경향이 나타나고 있다는 것이다.

서울대학교 통일평화연구원에서 매년 수행해 온 국민통일의식 조사 결과를 보면 젊은층, 특히 20대에서 통일의 필요성에 대해 가장 낮은 응답률을 나타냈다. 젊은 세대에서 통일이 필요 없다는 응답은 거의 3명 중 1명꼴로 나타나고 있다. “통일이 필요하느냐?”는 질문은 마치 “길 가다가 떨어진 돈을 주우면 어떻게 해야 하나?”와 같이 규범적인 답을 이미 갖고 있는 것이라는 점을 고려할 때, 실제로 그렇게 생각하는 이들의 비율은 그보다 더 높을 것으로 보아야 할 것 같다. 통일을 바라보는 세대적 시각의 변화를 느끼게 한다.

더 나아가 남한의 젊은 세대는 통일에 대한 소극적 태도뿐만 아니라, 남한에만 국한된 일체감, 곧 ‘대한민국 민족주의’(강원택, 2006: 15-38)라는 보다 적극적인 형태의 정체성을 발전시키는 수준으로까지 나아갔다는 지적까지 나오고 있다.

이런 점을 고려하여 교류 없이 분리된 삶을 살아온 북한의 젊은 세대도 이와 유사한 형태로 북한에만 국한된 새로운 정체성을 보일 것인지, 또한 통일에 대해서 남한의 젊은 세대와 비슷하게 소극적인 태도를 보일 것인지 우리는 궁금했다. 북한이 아무리 외부와의 교류가 단절된 폐쇄적인 전체주의 체제라고 해도, 분단 이후 60여 년의 시간이 흐르면서 그 내부에서도 세대적 변화가 필연적으로 나타날 수밖에 없을 것이기 때문이다. 예컨대, 전쟁을 직접 경험했던 북한의 기성세대와 지금 북한의 20대가 갖는 의식에는 상당한 차이가 존재할 수 있을 것이라는 가정은 그렇게 무리한 것은 아니라고 판단했다.

그러나 이것이 아무리 흥미로운 주제라고 하더라도, 남북 분단의 상황하에서 남북한 젊은 세대의 정치적 태도, 통일의 관점에 대한 ‘비교연구’를 수행한다는 것은 방법론적으로 쉽게 이루어질 수 있는 일이 아니었다. 그래서 우리는 대안적인 방법으로 탈북해 온 이들 가운데 20~30대 젊은 세대를 통해 ‘간접적으로나마’ 비교 연구를 진행해 보기로 했다.

우리는 두 가지 방법으로 북한 젊은 세대의 생각과 가치를 읽어내고자 했다. 우선은 남한과 북한의 젊은 세대에게 동일한 문항의 설문조사를 실시했다. 실제 사용된 설문조사 질문지는 부록에 첨부하였다. 북한 젊은 세대는 건국대, 동국대, 서강대, 숭실대, 연세대, 이화여대, 총신대, 한국외대, 한양대 등 대학에 재학 중인 학생들과, 공릉 종합사회복지관, 나우 북한인권단체, 북한사랑선교회, 대구의 새터민 지원센터 등의 도움으로 접촉할 수 있는 이들을 대상으로 하였다.

이렇게 하여 2012년 5월 21일부터 6월 8일 사이에 모두 354명의 북한 출신 20~30대를 조사할 수 있었다. 이들의 성별, 출신 지역, 학력 등에 대한 분포 역시 부록에 첨부하였다.

남한 젊은 세대에 대한 조사는 만 19~39세를 대상으로 성별·지역별 분포를 고려하여 504명을 대상으로 한국리서치의 MS 패널을 활용한 웹조사(CAWI)로 2012년 5월 4일부터 10일 사이에 진행하였다. 북한 젊은 세대의 경우에는 남한과는 달리 추출된 표본이 모집단과 상당한 차이를 보일 수밖에 없겠지만, 북한 지역에서 직접 조사할 수 없다는 현실적인 한계를 고려할 때 이는 감수해야 할 문제였다.

이와 같은 설문조사가 갖는 한계 때문에 우리는 북한이탈 주민들 중 젊은 세대의 생각과 태도를 직접 만나서 듣고 보고 싶었다. 이에 북한이탈 주민들 중 20~30대 젊은 세대를 대상으로 두 차례의 표적집단 면접(Focus Group Interview, FGI)을 진행하였다.

이를 위해 우리는 세 차례의 사전 회의를 통해 인터뷰에 필요한 질문지를 만들었고, 실제로 FGI를 실시하기 전 한 명의 탈북 학생과의 예비 인터뷰를 통해 질문사항을 수정·보완하였다. 연령, 성별, 북한 출신지역, 남한 거주기간 등을 고려하여 총 9명의 젊은 세대 탈북자를 대상으로 인터뷰를 수행하였다.[1] 이 책에 담은 연구 결과는 이와 같은 연구 과정을 통해 만들어졌다.

이러한 연구 방법을 통해 우리는 통일의식, 정치의식, 탈물질주의라고 하는 세 가지 주제를 추출해 냈으며, 이에 대한 연구를 진행하기로 했다.

통일의식에 대한 접근은 두 가지로 나누었는데, 첫 번째로는 남북한 젊은 세대의 통일의식을 민족적 당위와 현실적 이익이라는 상반되는 두 가지 태도의 틀에서 비교 분석해 보기로 했다. 예컨대, 통일은 무조건 이루어져야 하는 것인지, 현실적 이익이나 부담을 고려해야 하는 것인지에 대한 태도가 미치는 영향을 보겠다는 것이었다.

두 번째는 통일의식을 남북한 젊은 세대의 가치관과 정서를 살펴봄으로써 사회문화적인 측면에서 살펴보기로 했다. 즉 남한의 개인주의적 성향과 북한의 집단주의적 성향이 어떻게 전통적 가치관이나 통일에 대한 의식에 영향을 미치는지 살펴보고자 했다. 여기에서는 FGI 자료가 특히 많이 활용되었다.

정치의식에 대한 연구 역시 두 가지로 나누었는데, 첫 번째는 남북한 젊은 세대의 정치제도와 정부에 대한 신뢰에 주목했다. 사실 이는 기존의 연구에서 크게 주목받지 못했던 부분이기도 하다. 구체적으로 정치에 대한 만족감, 경제 상황에 대한 인식, 그리고 기타 가치정향에서의 차이를 분석하고, 그것을 결정짓는 요인을 찾고자 했다.

두 번째는 정파와 이념에 대한 것이다. 과연 이념적으로나 정파적으로 남북한 젊은 세대 간에 차이가 있는지 주목했다. 물론 이 주제는 이들이 탈북하여 남한 주민이 된 것을 전제로 한 것이다. 그렇다고 해도 성장해 온 환경의 차이가 이들의 정파적·이념적 태도에 차이를 만들었

---

1 FGI 대상자는 총 9명이며, 1차에 이**(24세, 남성, 황해도), 황**(33세, 남성), 하**(21세, 남성), 한**(30세, 여성), 박**(23세, 여성), 2차에 차**(20, 여성, 양강도), 김**(29세, 여성, 함경북도), 조**(22세, 여성, 함경북도), 문**(23세, 여성, 황해도)이다.

는지 살펴보고자 했다.

마지막으로는 탈물질주의라는 새로운 가치정향에 주목하여 남북한 젊은 세대를 비교해 보기로 했다. 굳이 탈물질주의를 여기에 포함시킨 것은, 잘 알려진 대로 이러한 가치가 원래 잉글하트(Inglehart)의 연구 때부터 세대적 차이를 잘 드러내 보인 것이며, 또 한편으로는 탈물질주의라는 가치는 물질적으로 풍요한 사회를 전제로 하기 때문이다. 물질적 풍요를 전제로 한다면 남한 출신과 북한 출신 간에는 뚜렷한 차이가 나타나야 할 것이지만, 동시에 여기서의 조사 대상이 같은 젊은 세대라는 점에서 새로운 가치의 수용성에서 유사성이 발견될 수도 있을 것이라는 조심스러운 전제하에 이 항목을 포함하기로 했다. 이 책의 주요 내용은 이와 같은 다섯 개의 주제를 각각 심도 있게 다루고 있다.

이 연구를 위해서 많은 분들의 도움을 받았다. 우선 서울대학교 통일평화연구원 박명규 원장께 깊은 감사를 드린다. 한번 해 보고 싶었던 이 연구가 제대로 결실을 맺을 수 있도록 배려해 주신 데 대해 다시금 감사를 드린다. 또한 아이디어와 의욕밖에 없었던 무렵 이 연구의 초기 작업을 가능하게 해준 이명박 정부 시기 미래기획위원회 위원장이었던 곽승준 교수께도 감사의 인사를 드린다.

한편, 조사 과정에서 북한 젊은 세대와 접촉하는 데 많은 이들이 도움을 주었다. 여기서 이름을 거론하지는 않지만 북한이탈 주민 가운데 대학에 재학 중인 학생들을 만날 수 있도록 중간에서 가교 역할을 해준 북한 출신 젊은 친구들에게 감사한다. 서울대학교 정치학과 박사 과정의 유혜림은 자신의 네트워크를 통해 이들을 접할 수 있도록 도와주었다. 역시 서울대학교 정치학과 박사 과정의 노환희는 쉽지 않았던 이 연구 작업의 조교로서 연구가 제대로 진행될 수 있도록 많은 노력과 애를 써 주었다. 이 자리를 통해 유혜림과 노환희에게 고맙다는 말을 전한다. 그리고 어려운 입장에서도 기꺼이 인터뷰와 설문조사에 응해 준 북한 출신의 젊은 친구들에게 감사하다는 뜻을 전하고 싶다.

현재의 고령 세대가 젊은 시절이었을 때는 상호 간 적개심과 증오의 감정이 강했지만, 사실 그들 간 경험이나 인식에서의 공감대는 오히려 컸던 것이 사실이다. 식민지의 경험과 전쟁, 분단의 아픔, 군사적 위협과 두려움, 그리고 '꿈에도 소원은 통일' 등이 그것이다. 그러나 장기간 지속되고 있는 남북한 두 지역의 완전한 단절로 인해 그때와는 전혀 다른 새로운 사고방식과 태도를 가진 세대가 등장하게 되었다.

통일이 '도둑처럼' 올 수도 있겠지만, 현실적으로 볼 때 통일까지는 적지 않은 시간이 걸릴 것 같다. 시간이 걸린다는 것은 지금의 젊은 세대가 '언제 다가올지 모를' 통일의 과정에서 매우 중요한 역할을 하게 된다는 것을 의미한다. 그러나 미래 통일의 주역이 될 수 있는 이들 젊은 세대에 주목한 연구는 그동안 그다지 많지는 않았던 것이 사실이다. 그런 점에서 우리의 이 작은 연구가 통일과 그 이후의 국민통합을 생각할 때 나름대로의 의미를 갖는 시도로 평가되었으면 하는 바람을 갖는다. 많은 부족함을 담고 있다. 강호제현의 많은 질정과 가르침을 기다리겠다.

2015년 7월

저자들을 대표하여

강원택

차례

제5장 물질주의 대 탈물질주의 의식의 비교

[강원택]

부 록

표 차례

그림 차례

제1장

통일의식의 비교 1:
민족적 당위와 현실적 이익 사이에서의 고민[1]

1. 들어가며: 남북한 세대 변화와 통일

남한과 북한이 분단된 지 60년이 넘는 시간이 흘렀다. 그동안 남북한은 서로 다른 정치·경제적 발전 경로를 보여 주었다. 남한은 정치·경제적으로 우여곡절을 겪었지만, 궁극적으로 고도의 경제성장과 민주화라는 두 마리 토끼를 비교적 단기간에 달성하는 성과를 거두었다. 반면 북한은 사회주의 체제의 붕괴, 강성대국 건립을 위한 군사적 측면의 강조와 도발, 3대 권력 세습 등이 진행되는 과정 속에서 대내적으로 어려움이 심화되고, 대외적으로도 불량국가로 분류되어 국제사회로부터 고립되는 양상이 전개되고 있다.

경제개발협력기구(OECD)가 발간한 『2010년 한국경제보고서』에 따

1 조진만·한정택(2014), 「남북한 젊은 세대의 통일의식 비교 분석: 민족적 당위와 현실적 이익의 문제를 중심으로」, 『동서연구』 제26권 1호, 149-178의 논문을 일부 수정 보완한 것이다.

르면, 2008년을 기준으로 북한은 남한 대비 인구수 47.7%, 국민총생산(GDP) 2.7%, 수출 0.3%, 수입 0.6%, 전기 생산 6.0% 등을 기록함으로써 남한과 비교하여 실로 엄청난 격차를 보이고 있다(『매일경제』 2010/06/18).

남한과 북한이 분단된 시점에서 상호 격차는 크지 않았다. 오히려 일본이 대륙 진출의 군사적 요충지로서 남한보다 북한을 더 중시하였다는 점을 고려할 때, 실질적으로 분단 직후 북한의 경제적 토대가 남한보다 더 좋은 측면이 있었다. 하지만 반세기가 넘은 현 시점에서 남한과 북한의 경제적 격차는 비교의 의미가 없을 정도로 큰 차이를 보이게 되었다.

그렇다면 한반도 분단 이후 이와 같은 남한과 북한의 정치·경제적 발전 경로와 성과의 차이는 통일 문제와 관련하여 어떠한 효과를 이끌었는가? 물론 이 질문에 대해서는 다양한 주장들이 제시될 수 있다. 하지만 무엇보다도 한반도 분단 이후 남한과 북한이 독자적으로 구축해 놓은 상반된 체제하에서 출생하고 성장한 세대가 남북한의 다수 세력으로 부상하게 되었다는 점을 중요하게 인식할 필요가 있다.

다시 말해, 남한과 북한이 분단되고 상호 체제 경쟁을 하는 상황에서 민족적 정체성이 지속적으로 약화되는 과정을 온전히 경험한 세대가 남북한 내의 다수를 구성하게 되었다는 점은 향후 통일의 과정과 결과에 중요한 영향을 미칠 수 있다. 하지만 남북한 젊은 세대에 주목하여 통일의식을 비교 분석한 기존 연구를 찾기 힘든 실정이다.

분단 이후 남한과 북한에서 전개된 상황들을 고려할 때, 남북한 주민들의 통일의식 역시 분단 이후의 시간만큼이나 변화된 모습을 보여 왔다고 인식하는 것이 적실성(適實性)을 갖는다. 특히 이러한 상황 속에서 남북한의 젊은 세대는 통일 문제를 민족적 당위의 관점뿐만 아니라 현실적 이익의 측면을 동시에 고려하여 접근하는 모습을 보일 가능성이 높다.

실제로 남한과 북한(탈북자) 주민들을 대상으로 통일의식을 지속적으로 조사해 온 기관들의 연구 결과들을 보면 현실도 이에 매우 부합하는 특징을 보이고 있다(김병로 외, 2007; 김병로·최경희, 2012; 박명규 외, 2008; 2009; 2010; 2011; 2012; 2013; 박종철 외, 2005; 은기수, 2010; 이내영, 2011; 최수영 외, 1994; 1995).

이에 본 장에서는 남북한 젊은 세대의 통일에 대한 인식이 어떠한 차이를 보이는지 설문조사 자료를 토대로 비교 분석하고 있다. 그리고 젊은 탈북자들을 대상으로 한 표적집단 면접(FGI, Focus Group Interview)을 수행하여 연구 결과의 이해와 해석의 적실성을 높이고자 하였다.

구체적으로 본 연구는 오늘날 민족적 당위와 현실적 이익이라는 두 측면이 남북한 통일 문제와 관련하여 중요한 의미를 가지게 되었다는 입장을 토대로, 이러한 요인들이 통일의 필요성과 통일비용의 부담에 대한 남북한 젊은 세대의 인식에 어떠한 영향을 미치는가를 경험적으로 분석하였다. 이와 같은 연구를 통하여 본 연구는 남북한 통일 문제와 관련하여 민족적 당위와 현실적 이익의 문제를 어떻게 접근하고 어떠한 노력들을 전개하는 것이 바람직한지에 대하여 제안하고 있다.

2. 기존 통일의식 조사 연구의 한계점과 주요 결과

지금까지 한국에서 통일의식에 대한 연구는 다양한 차원에서 진행되었다. 하지만 이들 기존 연구는 다음과 같은 점에서 일정한 한계점을 보였던 것이 사실이다.

첫째, 주로 남한 주민만을 대상으로 설문조사를 진행하여 통일의식이 시간의 흐름에 따라 어떠한 변화의 모습을 보였는가를 다룬 연구가 주를 이루었다(김병로 외, 2007; 박명규 외, 2008; 2009; 2010; 2011; 2012; 2013; 박종철 외, 2005; 이내영, 2011; 최수영 외, 1994; 1995; 함인희·한정자, 2000).

둘째, 남한 주민만을 대상으로 한 통일의식 조사의 경우에도 비용 문제와 기존 데이터의 접근성 문제 때문에 연구자들은 자신이 포함되어 있는 특정 대학교 학생들을 대상으로 통일의식 조사를 진행하여 연구결과를 발표하는 모습을 보여 왔다(배한동, 2000; 백봉종 1996; 안득기, 2007; 이창우·임경희, 1986).

셋째, 북한이탈 주민을 대상으로 한 통일의식 조사 자료가 상대적으로 많지 않을 뿐만 아니라 표본수가 적은 문제점을 내포하고 있다(정태연·최영진·김영만, 2003).

넷째, 남북한 통일의식의 차이에 주목한 연구(김병로·최경희, 2012)는 그 중요성에도 불구하고 남북한 젊은 세대의 통일의식 차이에 주목한 연구가 절대적으로 부족하다.

다섯째, 방법론적으로 통일의 필요성과 효과 등 통일의식과 관련하여 제기되는 다양한 쟁점들을 설득력 있게 분석할 수 있는 설문항의 선택(은기수, 2010)이나 변수 조작의 문제에 대한 고민이 상대적으로 부족하였다. 그리고 연구 주제와 관련하여 핵심적인 통제변수들을 설정하여 다변수 차원에서 종속변수와 독립변수들 간의 관계를 적실성 있게 통계 분석한 연구를 찾아보기 힘들다.

여섯째, 이러한 이유들로 인하여 기존 연구는 남북한 통일의식에 대한 새로운 관점과 경험적 근거들을 제시하지 못한 채 차별성 없는 연구결과와 정책적 제안들을 반복적으로 제시하는 모습을 보여 왔다(김병로, 2009; 은기수, 2010; 이경희, 2011).

그렇다면 지금까지 진행되었던 통일의식 조사의 주요 결과들은 구체적으로 어떠한 특징을 보였을까? 기존 연구에서 제시한 내용들을 토대로 통일의식 조사의 주요 결과들을 정리하면 다음과 같다(김병로·최경희, 2012; 박명규 외, 2011; 2012; 이내영, 2011; 이정우, 2006; 정태연·최영진·김영만, 2003; 함인희·한정자, 2011).

첫째, 남한 주민들의 통일의식이 지속적으로 약화되는 특징을 보이고 있다. 남한에서 역대 정권들은 공통적으로 통일의 중요성을 강조하고, 지속적으로 통일 공론화를 위한 작업을 수행해 왔다. 그럼에도 불구하고 남한 주민들의 통일의식은 꾸준히 낮아지는 추세를 보이고 있다. 특히 오늘날 남한 주민들을 대상으로 진행한 통일의식 조사의 결과를 보면, "통일이 필요 없다"고 응답한 비율이 안정적으로 20% 이상 유지되고 있다. 다시 말해, 현재 남한에서 주민 5명 중 한 명 정도가 통일의 필요성을 느끼지 못하고 있을 정도로 통일의식이 약화된 모습을 보여준다. 그리고 이와 같은 통일의식의 약화는 10대 청소년과 20대 젊은층에서 더욱 심각하게 나타나고 있다.[2]

둘째, 통일 문제를 민족적이고 당위적인 차원보다 도구적이고 수단적인 차원에서 접근하는 경향이 증대되고 있다. 이것은 남북한 분단체제가 60년 이상 장기화되는 동안 이념, 정치체제, 문화 이질감 등이 커지면서 민족적 정체성이 지속적으로 약화되었다는 것을 의미한다. 그리고 남한과 북한의 경제적 격차가 크게 벌어지면서 남한 주민들이 통일비용에 대한 부담 문제를 현실적인 차원에서 중요하게 고려하게 되

2 남한 젊은 세대의 통일의식 약화는 최근 통일연구원이나 통일교육협의회 등과 같은 기관이나 각종 언론사에서 진행하였던 통일의식 조사에서도 일관되게 나타나고 있다(『동아일보』 2013/04/01; 『세계일보』 2013/03/19; 『통신일보』 2013/ 10/31). 예를 들어, 통일교육협의회가 2012년 전국 64개 학교 중·고등학생 2,382명을 대상으로 한 설문조사에서 35.3%의 10대 청소년들이 "통일 및 북한 문제에 관심이 없다"고 응답하였다. 또한 『동아일보』에서 창간 93주년 기념으로 실시한 통일의식 조사에서도 20대 응답자의 33.4%는 "절대 통일이 되지 않을 것"이라는 입장을 보임으로써 통일에 대하여 가장 비관적인 전망을 하는 모습을 보였다.

었다는 점도 시사한다.

실제로 최근 몇 년 동안 한국 주민들이 북한 주민들을 형제, 우리, 이웃으로 보기보다는 남 또는 적으로 보는 비율이 현저하게 증가하고 있는 것이 사실이다. 그리고 북한이탈 주민들을 대한민국 국민으로 인정하는 비율 역시 20%대의 낮은 수치를 기록하는 있는 실정이다.

뿐만 아니라 남한 주민들 다수는 통일 이후 경제적 부담이 늘어날 것을 예상하고 우려하면서 이를 준비하는 비용을 부담하는 것에 매우 소극적인 태도를 보여 준다. 특히 남한 주민들은 통일이 자신에게 이익을 주지 못한다는 점에 광범위한 합의를 형성하며, 이로 인하여 통일을 서두르기보다는 여건이 성숙되기를 기다리는 것이 바람직하다는 입장을 견지하고 있다.

셋째, 이와 같은 통일의식의 주요 특징들은 세대 간의 인식과 입장의 차이로 인하여 더욱 확연하게 구분되는 특징을 보이고 있다. 한반도 분단이 장기화되면서 남한과 북한 모두 독자적인 정체성이 형성되기 시작하였고, 그 속에서 성장한 새로운 세대가 등장하게 되었다. 구체적으로 남한의 젊은 세대는 경제성장, 민주화, 탈냉전과 세계화, 그리고 IMF 경제위기와 경제 양극화, 정보화 등의 정치·사회·경제적 변화들을 경험하면서 이전 세대와 비교하여 통일 문제에서 다른 인식과 입장을 보여 준다.

남한의 젊은 세대는 통일에 대한 민족적 당위성을 상대적으로 덜 중요하게 인식하면서, 오히려 통일이 현실적으로 정치적 혼란과 경제적 부담을 가중시킬 것이라는 우려감을 표명한다. 그리고 이러한 이유로 남한의 젊은 세대는 통일에 대해서도 상당히 유보적인 입장을 견지하는 모습을 보이고 있다.

마찬가지로 북한 젊은 세대의 경우에도 1990년대 고난의 행군 시기를 경험하고, 2000년대에 시장경제를 체득한 세대라는 특징을 보인다.

그리고 북한의 젊은 세대는 집중적인 세뇌 교육을 받았음에도 불구하고 유연한 사고와 서구 문화적 특성을 상대적으로 많이 지니고 있다는 평가를 받고 있다. 그러므로 북한의 젊은 세대 역시 경험과 인식의 측면에서 기존 세대와 상당한 차이를 보이는 상황 속에서 통일 문제를 민족적 당위보다 현실적 이익을 더 중시하여 접근하려는 태도를 보일 수 있다.

3. 남북한 젊은 세대의 통일의식 분석 디자인

1) 분석틀

앞에서 언급한 기존 연구의 특징들을 고려하여 본 연구에서는 <그림 1-1>과 같은 통일의식 흐름도에 따라 남북한 젊은 세대의 통일의식을 비교 분석한다.

구체적으로 본 연구는 한반도가 분단된 지 60년이 넘는 시간이 흐른 현 시점에서 남북한 젊은 세대가 통일 문제와 관련하여 어떠한 인식을 가지고 있는지 파악하는 것이 향후 통일의 과정과 결과에 중요한 의미를 갖는다는 관점을 기본적으로 견지하고 있다.

그리고 한반도 통일은 민족적 당위와 현실적 이익이라는 두 가지 측면에 대한 합의, 다시 말해 통일이 한반도에서 민족 분단의 문제를 해결하고 남북한의 공동 번영에 기여한다는 점에 대한 높은 공감대가 형성될 때 원활하게 이루어질 수 있다는 입장을 취하고 있다.

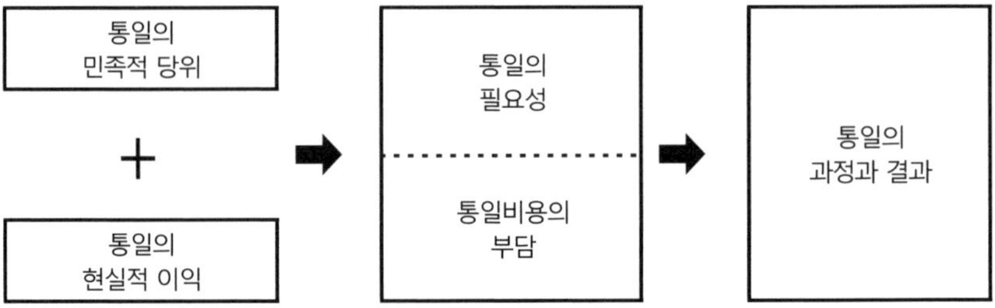

그림 1-1 남북한 젊은 세대의 통일의식 형성과 효과

세부적인 차원에서 본 연구는 한반도 통일이 민족적 당위와 현실적 이익이라는 두 가지 측면에 대한 높은 공감대가 형성되어 있을 때 통일의 필요성에 대하여 강하게 동의하는 모습을 보이고, 통일비용의 부담에도 적극적인 태도를 보일 것이라는 논리에 기반하여 경험적인 분석을 수행하고 있다.

이처럼 남북한 젊은 세대의 통일의식을 다양한 차원에서 접근할 수 있음에도 불구하고 통일의 필요성과 통일비용의 부담이라는 두 문제에 초점을 맞춘 이유는, 이것이 통일과 관련한 민족적 당위와 현실적 이익의 문제를 잘 반영할 수 있는 항목인 동시에, 향후 통일의 과정과 결과에 중요한 영향을 미칠 수 있다고 판단하였기 때문이다.[3]

---

3 본 연구에서는 다변수 차원의 통계 분석을 수행하고 있다. 그러므로 현실적으로 통일과 관련된 많은 주제들에 대한 연구를 진행하기 어려운 측면이 존재한다. 그럼에도 불구하고 여기에서 다루고 있는 통일의 필요성과 통일비용의 부담이라는 주제는 통일의식 문제와 관련하여 매우 핵심적인 사안임에 분명하다. 그러므로 본 연구는 통일 문제의 핵심적인 사안들에 대한 논의와 심층적 분석을 토대로 기존 연구와 차별성을 갖는 연구 결과의 도출과 이에 기반한 정책적 제안 제시에 초점을 맞추고 있다.

2) 연구모델과 변수 조작화

본 연구에서는 앞서 진행한 논의를 토대로 다음과 같은 로지스틱 회귀 분석 모델을 설정하여 남북한 젊은 세대의 통일의식을 비교 분석하고 있다. 구체적으로 본 연구에서 종속변수와 독립변수들을 어떻게 조작화하였는지 설명하면 다음과 같다.

$$V_{1\sim2} = a + \beta_1 * \text{통일의 민족적 당위} + \beta_2 * \text{통일의 현실적 이익} + \beta_3 * \text{성별} + \beta_4 * \text{연령} + \beta_5 * \text{이념성향} + \beta_6 * \text{소득 수준} + \beta_7 * \text{정치관심도} + \beta_8 * \text{삶 만족도} + \varepsilon$$

종속변수 조작화 문제와 관련하여 본 연구는 앞서 진행한 논의를 토대로 두 가지 종속변수를 설정하고 있다. 하나는 통일의 필요성이고, 다른 하나는 통일비용 부담 여부이다.

먼저 종속변수 V_1은 통일의 필요성에 대한 가변수로서 "어떠한 대가를 치르더라도 가능한 한 빨리 통일되는 것이 좋다"는 설문항을 활용하여 조작화하였다. 구체적으로 본 연구는 이 설문에 대하여 '동의하지 않음(전혀 동의하지 않음+별로 동의하지 않음)=0'으로, 그리고 '동의함(대체로 동의함+전적으로 동의함)=1'로 코딩하였다.

일반적으로 통일의 필요성을 조작화하기 위하여 "통일이 얼마나 필요하다고 생각하십니까?"라고 질문한 설문항이 자주 사용된다. 하지만 이 설문항의 경우 통일 문제와 관련하여 당위적 측면을 강조하는 특성을 보이고 있어 질문에 동의하는 응답자의 비율이 매우 높은 특징을 나타낸다.

실제로 본 연구가 진행한 통일의식 조사에서 이 설문에 대하여 동의하는 입장을 보인 북한 젊은 세대의 비율은 무려 98.8%로 나타났다. 그리고 남한 젊은 세대의 경우에도 이 설문에 대하여 76.7%의 응답자가 동의하는 입장을 보였다.

물론 이 설문항을 토대로 남북한 젊은 세대 간에 통일의 필요성에 대한 인식이 차이를 보인다는 점을 단순하게 파악할 수는 있다. 하지만 이 설문항을 종속변수로 설정하여 통일의 필요성에 대한 남북한 젊은 세대의 인식 차이에 영향을 미치는 요인들을 경험적으로 분석하는 것은 큰 의미를 갖기 힘든 측면이 존재한다.

실제로 표적집단 면접에서도 북한 젊은 세대는 "남한 주민들의 경우 통일의 당위성에 대한 인식이 약한 느낌을 받는다"고 지적하였다. 그리고 "특히 남한 젊은 세대의 경우 분단이 장기화된 상황 속에서 현 분단 상태를 유지하는 것이 좋다는 생각을 많이 하는 것 같고, 통일은 좋다고 생각해도 자기가 죽은 다음에 통일이 되었으면 하는 이중적 태도를 보이고 있다"는 불만도 제기하였다.

이러한 점들을 고려하여 본 연구는 당위적 측면에서 단순히 통일의 필요성을 질문하는 설문을 활용하는 것보다, 통일의 당위적 측면과 현실적 측면을 종합적으로 고려할 수 있는 설문을 활용하여 남북한 젊은 세대의 통일의식을 비교 분석하는 것이 더욱 높은 적실성을 가질 수 있다고 판단하였다. 그리고 이러한 이유로 본 연구는 "통일이 얼마나 필요하다고 생각하십니까?"와 같이 단순한 통일의 필요성만을 질문하는 설문항이 아닌, 통일의 의지를 고려하여 그 필요성을 파악할 수 있는 "어떠한 대가를 치르더라도 가능한 한 빨리 통일되는 것이 좋다"라는 설문항을 종속변수로 설정하였다.

<그림 1-2>는 "통일이 얼마나 필요하다고 생각하십니까?"라고 질문한 설문과 "어떠한 대가를 치르더라도 가능한 한 빨리 통일되는 것이 좋다"라는 질문을 조합하여 통일의 필요성에 대한 남북한 젊은 세대의 다양한 입장 유형과 그 차이를 파악하여 제시한 것이다.

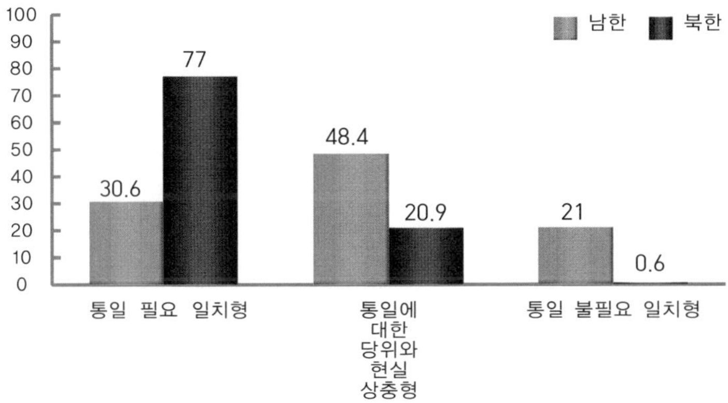

그림 1-2 통일의 필요성에 대한 남북한 젊은 세대의 다양한 입장 유형과 차이

이 그림을 보면 두 설문에 대하여 모두 긍정적 또는 부정적으로 응답한 남북한 젊은 세대의 비율은 상당한 차이를 보이고 있다는 점을 목격할 수 있다. 뿐만 아니라 통일에 대한 당위적 입장과 현실적 입장이 차이를 보여 상충하는 유형의 비율, 다시 말해 통일의 필요성에 대해서는 긍정적으로 응답하였지만, 통일의 비용 부담이나 시기의 문제를 고려한 통일의 필요성에 대해서는 부정적으로 응답한 남북한 젊은 세대의 비율도 48.4%와 20.9%로 상당히 높다는 점도 파악할 수 있다. 그러므로 통일의 필요성에 대한 본 연구의 조작화는 기존 연구와 차별성을 보이면서 보다 높은 적실성을 가질 수 있다고 판단된다.

다음으로 종속변수 V_2는 통일비용 부담 여부에 대한 가변수로서 "통일 이후 북한 재건을 위하여 추가로 세금을 부담하실 의향이 있으십니까?"를 질문한 설문항을 활용하여 조작화하였다. 구체적으로 본 연구는 통일비용 부담 여부를 이 설문에 대한 응답을 토대로 '없다=0'으로, 그리고 '있다=1'로 코딩하였다.

독립변수 조작화 문제와 관련하여 본 연구의 핵심적인 독립변수인 통일의 민족적 당위와 통일의 현실적 이익은 다음과 같이 조작하였다. 먼저 통일의 민족적 당위는 "우리나라가 통일이 되어야 하는 가장 큰 이유는 무엇이라고 생각하십니까?"를 질문한 설문을 활용하여 조작화하였다. 구체적으로 통일의 민족적 당위는 이 설문에 대하여 '같은 민족이니까', '이산가족의 고통을 해결해 주기 위해서', '북한 주민들을 잘살 수 있도록 하기 위해서'[4]를 선택하여 통일의 민족적 측면을 중시하는 태도를 보인 응답자는 1로 코딩하였다. 그리고 이 설문에 대하여 '남북 간 전쟁 위협을 없애기 위해서'와 '통일 한국이 보다 강대국/선진국이 되기 위해서'를 선택하여 통일의 비민족적 특면을 중시하는 태도를 보인 응답자는 0으로 코딩하였다.

다음으로 통일의 현실적 이익은 "통일이 남한, 북한, 자신에게 얼마나 이익이 될 것이라고 생각하십니까?"를 질문한 세 가지 설문항을 조합하여 조작화하였다. 구체적으로 본 연구는 통일의 현실적 이익을 이 세 가지 설문항에 대한 응답을 '전혀 이익이 되지 않을 것이다=0', '별로 이익이 되지 않을 것이다=1', '다소 이익이 될 것이다=3', '매우 이익이 될 것이다=4'로 코딩한 후, 이것을 모두 더한 값으로 조작화하였다. 이

4 '북한 주민들을 잘살 수 있도록 하기 위해서'라는 항목을 통일의 민족적 측면으로 코딩한 것에 대한 논란이 제기될 수 있다. 왜냐하면 이것은 통일이 북한에 제공하는 현실적 이익을 고려한 비민족적 측면을 강조한 응답일 수도 있기 때문이다. 하지만 남북한 간의 경제 격차가 엄청나게 나고 통일비용에 대한 남한 측의 부담이 크다고 인식되는 현실하에서 남한 젊은 세대가 북한 주민들을 잘살 수 있도록 하기 위해서 통일이 필요하다고 인식하는 것은 민족적인 측면을 중요하게 고려하기 때문이라고 해석하는 것이 더욱 설득력을 가질 수 있다. 그리고 탈북한 북한 젊은 세대의 입장에서도 통일이 남한에 거주하는 자신들보다 잘살지 못하는 북한 주민들에 더욱 도움이 되었으면 좋겠다는 인식은 민족적인 측면을 강조한 응답이라고 평가할 수 있다. 실제로 이 항목을 민족적 태도와 비민족적 태도로 분류하여 통계분석을 수행해 본 결과, 양 결과상에 특별한 차이를 목격하기는 힘들었다.

러한 이유로 통일의 현실적 이익은 최솟값 0에서 최댓값 12 사이에 분포하며, 그 값이 클수록 통일의 현실적 이익을 긍정적으로 평가한다는 것을 의미한다.

이 외의 독립변수들은 본 연구의 주제를 보다 적실성 있게 분석하기 위한 통제의 목적으로 설정하였다.

첫째, 성별은 '남성=1'로, 그리고 '여성=0'으로 코딩하였다.

둘째, 연령은 본 연구가 기본적으로 남북한 젊은 세대에 초점을 맞추어 경험적 분석을 수행하고 있지만, 사례들 사이에 일정한 연령 차이(최소 19세부터 최대 39세)가 존재한다는 점을 고려하여 만 나이로 코딩하였다.

셋째, 이념성향은 통일에 대한 인식에 이념적 요인이 중요하게 작용할 수 있다는 점을 고려하여 통제변수로 설정하였다. 본 연구에서 이념성향은 '매우 진보=0', '중도=5', '매우 보수=10' 사이의 값에서 응답자 스스로 자신의 이념성향을 표시하도록 한 설문항을 활용하였다.

넷째, 소득 수준은 가구의 경제력이 통일의 필요성이나 통일비용 부담에 대한 인식에 중요한 영향을 미칠 수 있다는 관점에서 통제변수로 설정하였다. 구체적으로 소득 수준은 "가족 전체의 보너스를 포함한 월평균 소득은 얼마나 되십니까?"라고 질문한 설문항을 활용하여 '70만 원 이하=1', '71~100만 원=2', '101~150만 원=3', '151~200만 원=4', '201~250만 원=5', '251~300만 원=6', '301~400만 원=7', '401~500만 원=8', '501~600만 원=9', '601만 원 이상=10'으로 코딩하였다.

다섯째, 정치관심도는 통일 문제의 경우 본질적으로 정치적인 문제이기 때문에 정치에 대한 관심도가 통일의식에 영향을 미칠 수 있다는 관점에서 설정하였다. 본 연구에서 정치관심도는 "개인적으로 정치에 얼마나 관심이 있습니까?"를 질문한 설문항을 활용하여 '있음(매우 관심 있음+다소 관심 있음)=1'로, 그리고 '없음(별로 관심 없음+전혀 관심 없음)=0'으로 코딩하였다.

여섯째, 삶 만족도는 경제사회적 지위나 배경과 상관없이 자신의 삶에 대한 전반적인 만족 수준이 통일에 대한 인식에 영향을 미칠 수 있다는 관점에서 설정하였다. 구체적으로 본 연구에서 삶 만족도는 '매우 불만족=0'에서 '매우 만족=10' 사이의 값에서 응답자 스스로 자신의 삶에 대한 만족 수준을 표시하도록 한 설문항을 활용하였다.

4. 남북한 젊은 세대의 통일의식 분석

1) 통일의 필요성

통일의 필요성에 대하여 남북한 젊은 세대는 뚜렷한 인식의 차이를 보이고 있다. 구체적으로 <그림 1-3>에서 확인할 수 있듯이 남한 젊은 세대는 "어떠한 대가를 치르더라도 가능한 한 빨리 통일되는 것이 좋다"는 질문에 33.2%만이 동의하는 모습을 보인 반면, 북한 젊은 세대는 동일한 질문에 대하여 79.0%가 동의하는 모습을 보였다.

이와 같은 특징은 통일의 필요성에 대한 남한 젊은 세대의 합의 수준이 낮다는 것을 의미하기 때문에, 북한 젊은 세대와 달리 통일의 필요성에 대한 다양한 입장 차이 내지는 균열이 존재할 가능성이 높다는 점을 시사한다.

<표 1-1>은 앞서 제시한 연구모델을 토대로 남북한 젊은 세대의 통일의 필요성에 대한 인식에 어떠한 요인들이 영향을 미치는가를 로지스틱 회귀분석을 수행하여 파악한 결과이다.

표 1-1 통일의 필요성에 대한 로지스틱 회귀분석

독립변수 \ 분석대상	남한 젊은 세대		북한 젊은 세대	
	비표준화 회귀계수(B) (표준오차)	Exp(β)	비표준화 회귀계수(B) (표준오차)	Exp(β)
상수	-6.915 *** (1.317)	0.001	-10.437 (8.302)	0.000
통일의 민족적 당위	0.890 *** (0.315)	2.434	0.691 (1.251)	1.996
통일의 현실적 이익	0.849 *** (0.099)	2.337	0.682 * (0.406)	1.977
성별	0.209 (0.275)	1.233	-1.471 (1.333)	0.230
연령	0.012 (0.028)	1.012	0.163 (0.243)	1.177
이념성향	-0.109 (0.071)	0.897	-0.253 (0.402)	0.777
소득 수준	-0.037 (0.065)	0.964	-0.203 (0.466)	0.816
정치관심도	0.949 *** (0.270)	2.583	17.581 (2243.156)	43203558
삶 만족도	0.088 (0.083)	1.092	0.829 (0.548)	2.291
-2로그우도	390.988		21.707	
카이자승	146.715 (p = 0.000)		21.095 (p = 0.007)	
사례수	504		344	
적중률	83.3%		99.0%	

주: * $p < 0.1$, ** $p < 0.05$, *** $p < 0.01$

일단 제시된 연구모델들의 카이자승 값이 유의확률(p) 0.01 이하 수준에서 모두 통계적으로 유의미하게 나와 본 연구에서 설정한 로지스틱 회귀분석이 적실성 측면에서 문제가 없는 것으로 나타났다. 그리고 로지스틱 회귀분석 모델의 적중률도 83.3%와 99.0%로 매우 높게 나왔다.

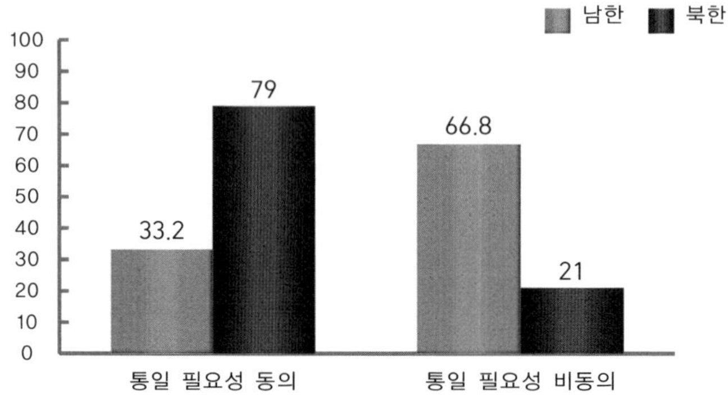

그림 1-3 통일의 필요성에 대한 남북한 젊은 세대의 인식 차이

남북한 젊은 세대를 대상으로 통일의 필요성에 대한 로지스틱 회귀분석을 수행해 본 결과, 다음과 같은 특징들이 나타났다.

첫째, 통일의 필요성에 대한 인식에서 남한의 젊은 세대는 북한의 젊은 세대와 비교하여 상대적으로 더 많은 측면들을 고려하는 특징을 보였다. 남한의 젊은 세대만을 대상으로 한 로지스틱 회귀분석에서 다른 독립변수들의 영향력을 통제하였을 때 통일의 민족적 당위, 통일의 현실적 이익, 그리고 정치관심도가 유의확률 0.01 이하 수준에서 통일의 필요성에 통계적으로 유의미한 영향을 미치는 것으로 나타났다.

반면 북한의 젊은 세대만을 대상으로 한 로지스틱 회귀분석에서는 다른 독립변수들의 영향력을 통제하였을 때 통일의 현실적 이익만이 유의확률 0.1 이하 수준에서 통일의 필요성에 통계적으로 유의미한 영향을 미치는 것으로 나타났다.

구체적으로 남한 젊은 세대의 경우 통일이 되어야 하는 이유로 민족적 요인을 더 중요하게 생각할수록, 통일이 남한·북한·자신에게 이익이 된다는 인식이 강할수록, 정치관심도가 높을수록 통계적으로 유의미한 수준에서 통일의 필요성에 대하여 긍정적인 태도를 보였다.

한편, 북한 젊은 세대의 경우 통일이 남한·북한·자신에게 이익이 된다는 인식이 강할수록 통계적으로 유의미한 수준에서 통일의 필요성에 대하여 긍정적인 태도를 보였다. 이것은 통일의 필요성에 대하여 통계적으로 유의미한 영향을 미치는 독립변수들만을 고려할 때 남한의 젊은 세대가 북한의 젊은 세대와 비교하여 통일의 필요성에 대한 공감대가 높지 않고, 이로 인하여 좀 더 다양한 요인들을 고려하여 통일 문제에 접근하는 모습을 보이고 있다는 점을 시사한다.

둘째, 남한의 젊은 세대는 통일의 필요성과 관련하여 민족적 당위와 현실적 이익의 두 가지 측면을 모두 고려하고 고민하는 경향이 강한 반면, 북한의 젊은 세대는 민족적 당위보다 현실적 이익의 측면에서 통일의 필요성 문제를 접근함으로써 양자 간에 인식 차이가 존재하는 것으로 나타났다. 이와 같은 연구 결과는 기존 연구들에서 지속적으로 제기한 오늘날 남한에서 통일 문제는 민족적 차원만큼 현실적 차원의 요인들이 중요하게 대두되고 있다는 주장과 맥을 같이하는 것이다.

다만, 북한의 젊은 세대도 남한의 젊은 세대와 마찬가지로 통일 문제와 관련하여 현실적 이익의 문제를 중요하게 고려하고 있다는 점은 주목할 만한 부분이다. 왜냐하면 이것은 북한의 경우 남한보다 통일 문제와 관련하여 현실적 이익에 대한 고려가 상대적으로 적고, 민족적 당위의 측면을 강조하는 경향이 강하다는 믿음이 일반적으로 존재하기 때문이다.

물론 이와 같은 연구 결과는 북한이탈 주민들을 대상으로 북한 젊은 세대의 통일의식을 조사하였기 때문에 나타난 결과일 수도 있다. 즉 남한에서의 생활을 경험한 북한 젊은 세대의 경우 남한 젊은 세대와 동화되는 모습을 보이면서 통일 문제도 오히려 좀 더 현실적인 이익 문제와 연계하여 고민하는 모습을 보일 수도 있다. 하지만 이 문제에 대해서는 향후 좀 더 면밀한 관찰이 요구된다.

<그림 1-4>에서 볼 수 있듯이, 통일이 되어야 하는 이유로 민족적인 요인들을 지적한 남한 젊은 세대의 비율은 23.9%를 기록하였고, 북한 젊은 세대의 비율은 54.9%로 나타나 큰 차이를 보였다. 이것은 북한 젊은 세대의 경우 고향 땅을 떠나온 탈북자들이라는 점에서 민족적인 유대나 이산가족으로서의 슬픔 등을 더 많이 느낄 수 있다는 점이 일정 수준 반영된 결과라고 볼 수 있다. 그리고 그 결과 북한 젊은 세대의 경우 통일의 민족적 당위가 통일의 필요성에 대한 로지스틱 회귀분석에 통계적으로 유의미한 영향을 미치지 못하였다고 해석할 수 있다.

또한 남한의 젊은 세대가 통일이 되어야 하는 이유로 비민족적 요인을 지적한 비율이 74.8%로, 이에 대한 북한의 젊은 세대 응답비율 45.1%와 비교하여 월등하게 높은 특징을 보였다.

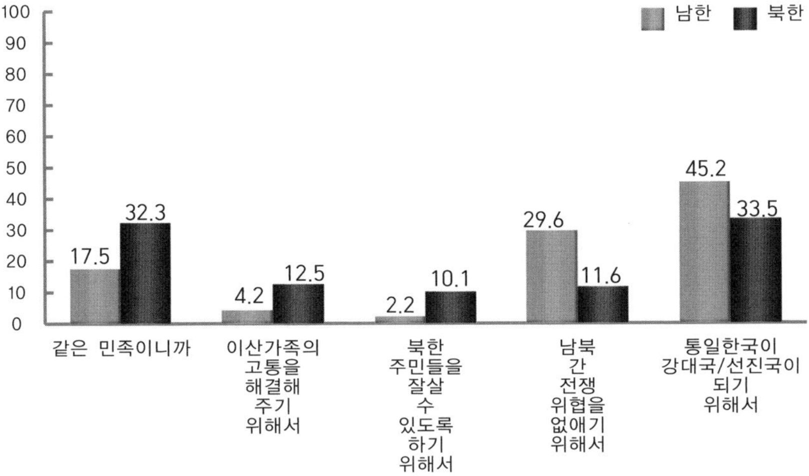

그림 1-4 남북한 젊은 세대의 통일이 되어야 하는 이유 비교

그런데 북한의 젊은 세대를 대상으로 통일의 필요성에 대한 로지스틱 회귀분석을 수행하였을 때 통일의 민족적 당위와 달리 통일의 현실적 이익만이 통계적으로 유의미한 영향을 미치는 것으로 나타나고 있다는 점은 다양한 해석을 가능하게 한다.

실제로 표적집단 면접에서 탈북 젊은이들은 "남한 주민들은 같은 민족임에도 불구하고 우리를 탈북자나 새터민이라는 용어를 사용하여 관리하고 통제함으로써 차별받는 느낌을 받는다"라며 거부감을 밝히기도 하였다. 그리고 "통일된 한국에서 살면 좋겠다는 생각이 있지만, 제3국에서 자유롭게 살고 싶다는 생각도 많이 한다"는 속마음을 밝히기도 하였다.

또한 내나수 탈북 젊은이들은 "북한 체제에 불만이 있는 사람들은 통일만이 현재 북한의 어려운 상황을 벗어날 수 있도록 해줄 수 있는 유일한 희망이라는 인식이 강하다"는 점, "북한에서 연좌제 등으로 인하여 토대(가족 배경)가 안 좋아 아무리 노력을 해도 이룰 수 있는 것이 많지 않았기 때문에 탈북을 하게 되었다"는 점, 그리고 "남한에서는 내가 노력을 하면 무언가를 이룰 수 있다는 생각을 갖고 있다"는 점을 강조하였다. 이러한 점들을 고려하면 북한의 젊은 세대가 남한의 젊은 세대와 비교하여 통일 문제에 있어 민족적 당위보다 현실적 이익을 더욱 중시하는 경향을 보인다는 점이 일정 수준 이해가 될 수 있다고 판단된다.

셋째, 통제변수들과 관련하여 남한의 젊은 세대만을 대상으로 한 로지스틱 회귀분석에서 통계적으로 유의미하게 나왔지만, 정치관심도가 높을수록 통일의 필요성을 긍정적으로 평가하는 경향을 보였다. 일반적인 차원에서 정치관심도가 높다는 것은 정치적인 문제인 통일에 대해서도 많은 정보와 지식들을 접하고, 다양한 차원에서 그 문제를 사고하였을 가능성이 높다는 것을 의미한다. 그러므로 정치관심도가 높은 남북한 젊은 세대의 경우 통일의 효과나 비용에 대한 우려감이나 거부

감이 상대적으로 적고, 통일의 필요성에 대해서도 긍정적으로 평가할 가능성이 존재한다.[5]

넷째, 본 연구에서 설정한 독립변수들 중 종속변수인 통일의 필요성에 미치는 영향의 방향은 성별을 제외하고 남북한 젊은 세대 모두에서 동일하게 나타났다. 성별의 경우 통계적으로 유의미하지는 않게 나타났지만, 남한의 젊은 세대와 반대로 북한의 젊은 세대에서는 남성보다 여성이 더 통일의 필요성에 대하여 긍정적인 태도를 보이는 것으로 나타났다.

이것은 현실적으로, 그리고 조사상에서도 북한이탈 주민을 대상으로 한 북한 젊은 세대의 경우 여성이 차지하는 비율이 상당히 높다는 점이 반영된 결과일 수 있다. 뿐만 아니라 남북한 사회에서 여성의 지위가 상대적으로 차이를 보이는 상황에서 북한의 여성들이 이러한 문제들을 해소할 수 있는 방안으로서 통일의 필요성을 긍정적으로 평가하고 있다는 해석도 가능하다. 하지만 남북한 젊은 세대의 통일의식이 성별에 따라 차이를 보이는지에 대해서는 향후 추가적인 고민이 필요하다고 판단된다.

이 외에는 통계적으로 유의미하지는 않았지만 남북한 젊은 세대 모두 연령이 높을수록, 이념적으로 진보적인 성향을 보일수록, 그리고 개인의 삶에 대한 만족도가 높을수록 통일의 필요성을 긍정적으로 평가하는 경향을 보였다. 그리고 소득 수준이 높을수록 통일의 필요성에 대하여 회의적인 모습을 보였다.

---

5 북한이탈 주민들의 경우 남한에 거주한 기간이 상대적으로 짧은 상태에서 정치에 대한 관심을 갖기 힘든 측면이 존재할 수 있다. 또한 북한에서의 정치에 대한 경험과 기억 등이 남한에서 정치에 대한 관심을 갖는 데 영향을 미쳤을 가능성도 존재한다. 그러므로 향후 북한이탈 주민들의 남한 거주기간이나 북한에서의 정치 경험 등을 통제한 상태에서 북한 젊은 세대의 정치관심도에 영향을 미치는 요인들을 밝혀내는 작업이 필요하다고 판단된다.

연령의 경우 본 연구가 남북한 젊은 세대를 대상으로 하고 있지만, 연령대가 19세부터 39세까지 일정 수준 차이를 보이고 있는 상황하에서 연령대가 높을수록 통일에 대하여 긍정적으로 평가한다는 일반적인 경향이 반영된 결과라고 볼 수 있다.

그리고 이념성향의 경우 통상적으로 남한 사회에서 보수는 안보를 중시하고 진보는 통일을 중시하는 경향을 보인다고 평가된다(박명규 외, 2012: 22)는 점이 일정 수준 반영된 결과라고 볼 수 있다.

다시 말해, 남북한 젊은 세대는 정권별 통일과 안보 정책이 차이를 보이는 상황 속에서 자신의 이념성향에 따라 통일과 안보의 가치 중 하나를 선택하여 상대적으로 더 중요한 의미를 부여하는 경향을 보일 수 있다. 다만, 이념성향이 통계적으로 유의미하지 않게 나왔다는 점은 남북한 젊은 세대의 경우 통일의 문제를 지나치게 이념적으로 접근하지 않고 있다는 점을 보여 주는 결과일 수도 있다.[6]

그리고 현 분단 상황하에서도 높은 소득 수준을 유지하면서 기득권을 확보하고 있는 남북한 젊은 세대의 경우 현상 타파적인 통일보다는 현상 유지적인 분단을 더 선호하는 경향을 보인다는 점도 이해가 되는 부분이다.

그런데 경제적 소득 수준의 문제보다 개인의 삶에 대한 만족도가 높을수록 통일의 필요성에 대하여 긍정적으로 평가하고 있다는 점은 주목할 만한 부분이다.

이와 같은 연구 결과는 단순한 소득 수준의 높고 낮음보다 개인의 삶

---

6 남한의 젊은 세대가 통일 문제와 관련하여 현실적인 접근을 하는 경향을 보인다는 점을 고려할 때 이와 같은 결과는 충분히 이해가 되는 부분이다. 다만, 북한의 젊은 세대에서 이념성향이라는 용어나 기준은 다소 생소할 수 있다는 측면도 존재한다. 뿐만 아니라 현재 남한의 정권이 보수적인 성향을 보이는 상황하에서 북한이탈 주민인 북한의 젊은 세대가 그 영향을 받아 자신의 이념성향을 보수적인 차원에서 동질화시키고, 통일의 필요성에 대한 입장을 표명하였을 가능성도 배제할 수는 없다.

에 대한 만족도가 통일 문제를 접근하는 데 있어 중요할 수 있다는 점을 시사한다.

2) 통일비용 부담

통일비용 부담에 대해서도 남북한 젊은 세대는 뚜렷한 인식의 차이를 보이고 있다. 구체적으로 <그림 1-5>에서 볼 수 있듯이, 남한 젊은 세대는 "통일 이후 북한 재건을 위하여 추가로 세금을 부담하실 의향이 있으십니까?"라는 질문에 55.1%가 동의하는 모습을 보인 반면, 북한 젊은 세대는 동일한 질문에 대하여 88.8%가 동의하는 모습을 보였다.

이와 같은 결과는 남한 젊은 세대는 통일의 필요성에 대하여 부정적으로 인식하고 통일비용에 대한 부담도 걱정하고 있다는 점을 그대로 반영한다.

반면 북한 젊은 세대는 통일에 대하여 긍정적으로 인식하고 소득 수준이 낮음에도 불구하고 통일비용에 대한 부담에 적극적인 모습을 보였다.[7]

7 남북한 젊은 세대의 가족 월평균 소득 분포를 살펴본 결과, 북한 젊은 세대의 경우 다수인 62.4%가 100만 원 이하의 저소득 가구를 구성하고 있었다. 반면 남한 젊은 세대의 경우 100만 원 이하의 저소득 가구의 비율은 단지 1.4%에 불과하였다. 그럼에도 불구하고 1년에 1만 원 이하의 통일세금을 부담할 의향이 있다고 응답한 남한 젊은 세대의 비율이 12.6%로, 이에 대한 북한 젊은 세대의 응답비율 4.3%와 비교하여 많은 차이를 보였다. 뿐만 아니라 1년에 50만 원 이상의 통일세금을 부담할 의향이 있다고 응답한 남한 젊은 세대의 비율이 2.9%로 나타난 반면, 이에 대한 북한 젊은 세대의 응답비율은 12.3%로 나타나 큰 격차를 보였다.

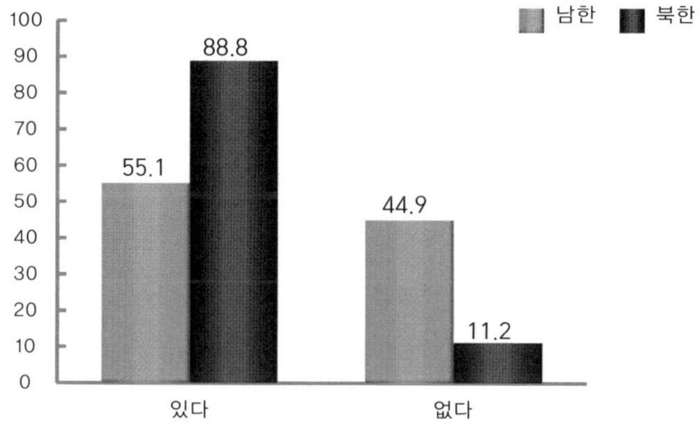

그림 1-5 남북한 젊은 세대의 통일비용 부담 여부 차이

<표 1-2>는 앞서 제시한 연구모델을 토대로 남북한 젊은 세대의 통일비용 부담 여부에 대한 인식에 어떠한 요인들이 영향을 미치는가를 로지스틱 회귀분석을 수행하여 파악한 결과이다.

일단 <표 1-2>에서 제시된 연구모델들의 카이자승 값이 유의확률(p) 0.01 이하 수준에서 모두 통계적으로 유의미하게 나와 본 연구에서 설정한 로지스틱 회귀분석이 적실성 측면에서 문제가 없는 것으로 나타났다. 그리고 로지스틱 회귀분석 모델의 적중률도 68.8%와 90.1%로 상대적으로 높게 나왔다.

통일비용 부담 여부에 대한 로지스틱 회귀분석 결과를 살펴보면, 앞서 수행한 통일의 필요성에 대한 로지스틱 회귀분석 결과와 비교하여 유사성과 차이점을 동시에 내포하고 있는 특징을 보였다.

표 1-2 통일비용 부담 여부에 대한 로지스틱 회귀분석

독립 변수 \ 분석 대상	남한 젊은 세대		북한 젊은 세대	
	비표준화 회귀계수(B) (표준오차)	Exp(β)	비표준화 회귀계수(B) (표준오차)	Exp(β)
상수	-5.756 *** (1.050)	0.003	-4.479 ** (2.253)	0.011
통일의 민족적 당위	0.570 ** (0.247)	1.769	-0.385 (0.446)	0.681
통일의 현실적 이익	0.492 *** (0.072)	1.635	0.627 *** (0.161)	1.873
성별	0.083 (0.216)	1.087	-0.914 ** (0.441)	0.401
연령	0.010 (0.021)	1.010	0.019 (0.053)	0.981
이념성향	-0.095 * (0.055)	0.909	-0.044 (0.095)	0.957
소득 수준	0.030 (0.052)	1.031	0.026 (0.158)	1.027
정치관심도	1.021 *** (0.220)	2.775	1.985 *** (0.469)	7.282
삶 만족도	0.110 * (0.065)	1.116	0.030 (0.129)	1.030
-2로그우도	574.265		157.672	
카이자승	109.481 (p = 0.000)		61.382 (p = 0.000)	
사례수	497		312	
적중률	68.8%		90.1%	

주: * $p < 0.1$, ** $p < 0.05$, *** $p < 0.01$

먼저 가장 큰 유사점은 통일의 필요성과 마찬가지로 통일비용 부담 여부에 있어서도 남한의 젊은 세대는 민족적 당위와 현실적 이익이라는 두 가지 측면에서 인식의 차이를 보이고 있지만, 북한의 젊은 세대는

현실적 이익의 측면에서만 인식의 차이를 보였다는 점이다.

이것은 남한 젊은 세대는 통일 문제와 관련하여 북한과의 민족적 유대감이나 통일의 현실적 이익에 대한 다양한 평가와 논란들이 존재하고, 이것이 통일의 필요성이나 통일비용 부담에 대한 인식에 영향을 미친다는 것을 의미한다. 반면 북한 젊은 세대는 통일이 남한과 북한, 그리고 자기 자신에게 제공하는 이익의 수준이 어느 정도인가에 대한 평가에 따라 통일비용 부담에 대한 태도를 결정하는 모습을 보인다고 평가할 수 있다.

다만, 통일비용의 부담이라는 문제가 경제적 성격이 강한 사안이라는 점을 고려할 때, 그리고 로지스틱 회귀분석 결과의 유의확률과 승산비를 고려할 때, 남북한 젊은 세대 모두 통일비용 부담 문제와 관련하여 통일의 민족적 당위보다 현실적 이익의 측면을 더 중시하는 경향을 공통적으로 보였다는 점은 충분히 이해가 되는 부분이다.

두 번째 유사점은 통일의 필요성과 마찬가지로 통일비용 부담 여부에 있어서도 정치관심도가 남북한 젊은 세대 모두에서 통계적으로 유의미한 영향을 미치는 것으로 나타났다는 것이다. 이것은 정치관심도가 높은 남북한 젊은 세대의 경우 통일 관련 정보와 지식들을 더욱 많이 보유하게 되고, 이를 토대로 통일의 효과에 대하여 비교적 객관적인 판단을 함으로써 통일비용의 부담에 대한 거부감이 상대적으로 적은 특징을 보일 수 있다는 점을 시사한다.

한편, 통일비용 부담 여부에 대한 로지스틱 회귀분석 결과가 앞서 수행한 통일의 필요성에 대한 로지스틱 회귀분석 결과와 비교할 때 나타나고 있는 차이점들은 다음과 같다.

먼저 남한의 경우 통일이 되어야 하는 이유로, 민족적인 요인들을 지적한 젊은 세대가 통일비용의 부담에 적극적인 태도를 보이는 것과 달리, 북한의 경우 통일이 되어야 하는 이유로 비민족적인 요인들을 지적한 한 젊은 세대가 통일비용의 부담에 대하여 적극적인 태도를 보였다는 것이다.

물론 북한 젊은 세대에서는 통일의 민족적 당위가 통일비용 부담 여부에 통계적으로 유의미한 영향을 미치지는 않았지만, 이와 같은 경향은 중요한 의미를 가질 수 있다고 판단된다. 왜냐하면 이것은 앞서 통일의 필요성에 대한 로지스틱 회귀분석 결과에서도 시사한 바 있듯이, 남한의 젊은 세대는 통일의 필요성이나 통일비용 부담의 문제와 관련하여 민족적 당위와 현실적 이익의 두 가지 측면을 동시에 고려하는 경향이 강한 반면, 북한의 젊은 세대는 이 문제들과 관련하여 오히려 민족적 당위보다 현실적 이익의 측면을 더욱 중시하는 경향이 강하다는 점을 방증해 주고 있기 때문이다.

다음으로 통일의 필요성에 대한 로지스틱 회귀분석과 달리 통일비용 부담 여부에 대한 로지스틱 회귀분석에서는 통계적으로 유의미한 영향을 미치는 것으로 나타난 변수들이 많이 존재한다는 것이다. 구체적으로 남한 젊은 세대에 있어서는 이념성향과 삶 만족도가, 그리고 북한 젊은 세대에 있어서는 성별이 통일비용 부담 여부에 통계적으로 유의미한 영향을 미치는 것으로 나타났다.

즉 남한 젊은 세대에서는 이념성향이 진보적일수록, 그리고 자신의 삶에 대한 만족도가 높을수록 통일비용 부담에 적극적인 태도를 보인 반면, 북한 젊은 세대에서는 남성과 비교하여 여성이 통일비용의 부담에 더욱 적극적인 태도를 보였다.

첫째, 남한 젊은 세대에서 이념성향은 통일의 필요성 문제와 달리 통일비용 부담 여부에 있어서는 유의확률 0.1 이하 수준에서 통계적으로 유의미한 영향을 미쳤다는 점에 대해서는 다양한 해석들이 제기될 수 있다. 앞서 주장한 바 있듯이, 남한 젊은 세대의 경우 통일 문제를 지나치게 이념적으로 접근하지 않으려는 경향이 분명하게 존재한다.

다만, 남한 젊은 세대에서 이념성향의 차이가 통일의 필요성 문제와 통일비용 부담 문제에 대한 인식에 일정 수준 차별화된 효과를 이끌 수 있다는 점도 본 연구의 결과를 통하여 어느 정도 시사된다. 다시 말해, 남한 사회에서 북한과의 관계나 안보 문제와 관련하여 이념적 논쟁이 존재하는 상황하에서, 이를 기준으로 통일 문제를 접근하는 것과 전통적으로 소수자와 약자를 보호하려는 경향이 강한 진보적 입장에서 북한과 통일의 문제를 접근하는 것 사이에 일정한 차이가 존재할 수 있다. 다만, 이러한 부분에 대해서는 향후 좀 더 면밀한 조사를 통한 분석이 이루어질 필요가 있다.

둘째, 통일비용 부담 여부에 있어서 개인의 삶에 대한 만족도는 유의확률 0.1 이하 수준에서 통계적으로 유의미한 영향을 미치는 것으로 나타났다. 이것은 경제적 소득 수준 자체의 문제보다 개인의 삶에 대한 만족도가 높을수록 통일의 필요성이나 통일비용 부담에 대하여 긍정적 태도를 보인다는 점을 다시 한 번 증명해 주는 것이다. 다만, 통일비용 부담의 문제와 관련하여 통계적으로 유의미한 것은 아니지만 남북한 젊은 세대 모두 소득 수준이 높을수록 통일비용 부담에 긍정적인 태도를 보이고 있다는 점은 주목할 만하다. 왜냐하면 통일의 필요성에 대한 로지스틱 회귀분석에서는 소득 수준이 높을수록 현상 타파적인 통일보다는 현상 유지적인 분단을 더 선호하는 경향을 보여 차이를 보이고 있기 때문이다.

그러나 이와 같은 결과가 나온 것은 설문에서 “통일 이후 북한 재건을 위하여 추가로 세금을 부담하실 의향이 있으십니까?”를 질문한 것과 무관하지 않아 보인다. 다시 말해, 소득 수준이 높은 남북한 젊은 세대에 있어 통일 이전에 통일비용을 부담하는 것과 통일 이후에 통일비용을 부담하는 것은 차이가 있을 수 있다는 것이다. 즉 현재 소득 수준이 높은 남북한 젊은 세대는 통일의 필요성을 절감하지 못하고, 통일비용의 부담에 대하여 부정적인 태도를 보일 수 있다.

하지만 통일 이후를 상정한다면 자신의 소득 수준과 기득권을 보호할 수 있는 범위 내에서 통일비용을 부담하는 것에 동의하는 태도를 보일 수 있다. 그러므로 이러한 부분들에 대해서는 향후 좀 더 세밀한 분석이 필요할 것으로 사료된다.

셋째, 남북한 젊은 세대에서 성별이 통일의 필요성과 통일비용 부담에 미치는 영향의 차이도 중요한 연구 과제라고 보여진다. 즉 남한 젊은 세대에서는 여성과 비교하여 남성이 통일의 필요성이나 통일비용 부담에 긍정적인 태도를 보이는 반면, 북한 젊은 세대에서는 오히려 남성보다 여성이 통일의 필요성이나 통일비용 부담에 더 적극적인 태도를 보이고 있다.

이 문제와 관련하여 표적집단 면접에서 여성 탈북자들은 "북한 여성들의 경우 생활력이 무척 강하다"는 점과 "북한에 두고 온 가족들에 대한 그리움과 향수가 남성보다 더 클 수 있다"는 점을 언급하기도 하였다.

하지만 왜 남한의 젊은 여성들이 통일 문제에 대하여 회의적이거나 소극적인 태도를 보이고 있고, 북한의 젊은 여성들은 이와 반대로 통일 문제에 대하여 긍정적이고 적극적인 태도를 보이고 있는지에 대해서는 향후 보다 심층적인 연구가 필요할 것으로 판단된다.[8]

---

8 남한 여성들이 갖고 있는 사회적 불안정에 대한 우려로 인하여 통일에 무관심하고 원하지 않는 태도를 보이고 있다는 주장을 전개한 기존 연구도 존재한다(함인희·한정자, 2000). 하지만 기존 연구의 이 주장은 설문조사에서 나타난 결과를 토대로 이와 같은 관계를 사후적으로 설명하고 있을 뿐이다. 그러므로 왜 남한에서 여성들이 남성들과 비교하여 통일에 대한 불안감을 더 느끼는지, 그리고 북한의 젊은 세대는 왜 이와 상반되는 특징을 보이는지에 대한 적실성 있는 논리와 주장은 아직까지 제시되지 못하고 있는 상황이다.

3) 분석 결과에 대한 추가 논의

본 연구에서 강조하고 있듯이, 통일의 필요성과 통일비용 부담에 대한 인식과 의지의 문제는 통일의 과정과 결과에 중요한 영향을 미치게 된다. 그런데 지금까지 본 연구에서 진행하였던 로지스틱 회귀분석 결과들을 고려하면 통일 문제에 있어 남북한 젊은 세대는 민족적 당위보다 현실적 이익을 상대적으로 더욱 중요하게 고려하는 모습을 보이고 있다고 평가할 수 있다.

특히 <그림 1-6>에서 볼 수 있듯이, 통일의 현실적 이익 문제와 관련하여 북한의 젊은 세대는 통일이 남한, 북한, 그리고 자기에게 모두 이익이 된다는 점에 대한 합의 수준이 매우 높은 반면, 남한의 젊은 세대는 그렇지 않은 특징을 보인다. 즉 남한의 젊은 세대는 통일이 남한과 자기에게 이익이 된다는 점에 대한 입장이 북한의 젊은 세대와 비교하여 큰 차이를 보이고 있다.

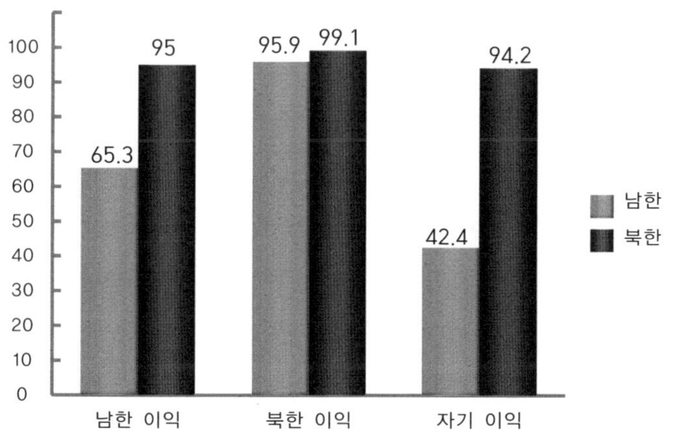

그림 1-6 통일의 현실적 이익에 대한 남북한 젊은 세대의 인식 차이

이것은 남한의 젊은 세대가 통일이 북한에 이익이 될 것은 분명하지만, 그것이 가능하기 위하여 남한 사회와 본인이 부담해야 할 비용이 크다는 인식이 강하게 존재한다는 점을 보여 준다.

하지만 탈북자 표적집단 면접에서 북한의 젊은 세대는 이와 같은 남한 젊은 세대의 인식에 대하여 부정적인 입장을 많이 표명하였다. 구체적으로 북한이탈 주민들은 "남한 사람들은 '통일은 북한 먹여 살리기'라는 인식이 강한데, 이러한 인식을 탈피할 필요가 있다. 북한 사람들은 바보가 아니고 생활력이 굉장히 강하다"는 입장을 피력하였다. 또한 "통일이 되면 북한이 남한에 많은 피해를 줄 것이라고 생각하는데, 그렇지 않다. 북한 사람들도 장사 잘 하고, 관광사업 등을 통하여 돈을 충분히 벌 수 있다"는 자신감도 보여 주었다.

물론 북한이탈 주민들의 주장처럼 남한의 젊은 세대가 북한 주민들의 역량을 지나치게 과소 평가하고 있는 것일 수도 있다. 그리고 양극화와 청년실업 등 경제적 어려움을 경험하고 있는 현 상황에서 남한의 젊은 세대가 통일에 대한 부담감을 강하게 느끼고 있는 측면도 존재한다. 또한 북한 젊은 세대가 통일 문제와 관련하여 보여 주고 있는 자존심과 자신감이 실제 통일의 과정과 결과에서 긍정적으로 작용하게 될 것인지에 대하여 남한 주민들이 확실한 믿음을 갖기에는 아직 시기상조적인 측면도 존재한다.

다만, 본 연구의 결과들을 고려할 때, 남북한 젊은 세대 간에 존재하는 통일의 현실적 이익에 대한 현격한 인식 차이를 줄이지 못하는 이상, 앞으로 진행될 통일에 대한 논의와 준비는 이전보다 더욱 어려운 국면들을 맞이할 가능성이 높아 보인다.

5. 나가며

한반도가 분단된 지 60년이 넘는 시간이 흘렀다. 현 시점에서 남북한 젊은 세대의 통일의식을 조사하고 파악하는 작업은 중요한 의미를 가질 수 있다. 오늘날 남북한 젊은 세대가 통일에 대하여 어떠한 생각과 입장을 가지고 있는가의 문제는 향후 통일의 과정과 결과에 심대한 영향을 미칠 수 있기 때문이다.

그리고 이 문제와 관련하여 한반도 통일에는 남북한 젊은 세대의 민족적 당위와 현실적 이익이라는 두 가지 측면에 대한 합의의 문제가 중요하게 대두된다. 다시 말해, 통일이 한반도에서 민족 분단의 문제를 해결하고 남북한의 공동 번영에 기여한다는 점에 대한 높은 공감대가 남북한 젊은 세대에 형성되어 있을 때, 한반도의 통일은 갈등비용을 최소화하면서 원활하게 이루어질 수 있다.

이와 같은 관점에서 본 연구는 남북한 젊은 세대가 통일의 필요성과 통일비용 부담 문제와 관련하여 어떠한 인식의 차이를 보이고 있는가를 통일의식 조사를 수행하여 경험적으로 분석해 보았다. 그리고 북한의 젊은 세대에 대한 통일의식 조사가 표본의 편향성 문제로부터 완전하게 자유롭지 못하여 분석 결과에 대한 이해와 해석에 오류를 일으킬 수 있다는 점을 고려하여 보완적인 차원에서 북한 젊은 세대를 대상으로 한 표적집단 면접도 진행하였다. 뿐만 아니라 본 연구의 주제와 관련하여 기존 연구와 차별성을 갖는 변수 조작을 시도하고, 다양한 통제변수들을 설정한 다변수 차원의 회귀분석을 수행하여 분석 결과의 적실성과 설명력을 높이고자 노력하였다.

이처럼 진행된 본 연구의 핵심적인 결과는 남북한 젊은 세대가 통일의 필요성과 통일비용 부담 문제와 관련하여 민족적 당위보다는 현실적 이익에 대한 고려를 더욱 중시하는 경향을 보인다는 것으로 집약될 수 있다. 구체적으로 남한의 젊은 세대는 통일의 필요성 문제에 대하여 민족적 당위와 현실적 이익을 동시에 고려하는 모습을 보였지만, 무게 중심은 현실적 이익에 있다는 점을 확인할 수 있었다. 그리고 북한의 젊은 세대도 통일 문제와 관련하여 남한의 젊은 세대와 같이 현실적 이익을 중시하는 태도를 보였다.

한반도 분단이 장기화되면서 남북한 젊은 세대의 민족적 정체성이 현저히 차이를 보이고 있다는 점은 부인할 수 없는 사실이다. 그리고 이와 같은 민족적 정체성의 약화 추세가 향후 특별한 계기가 마련되더라도 급속하게 강화되는 방향으로 전환될 가능성도 낮아 보인다.

더욱 심각한 문제는 최근의 한 연구(강원택, 2011)에서 밝히고 있듯이, 오늘날 남한에서 국가 정체성과 민족 정체성이 구분되는 결과가 나타나고 있다는 것이다. 즉 남한에서 진정한 한국인으로서 인정받기 위해서는 혈연적 정체성보다 남한에 거주하면서 법과 제도를 따라야 한다는 정치적·공동체적 정체성을 강조하는 인식이 크게 증가하고 있다.

하지만 다른 한편으로 생각하면, 남한에서 혈연적 차원의 민족적 정체성을 강조하는 것보다 정치적·공동체적 정체성을 강조하는 인식이 증가하고 있다는 점이 향후 통일 문제와 관련하여 긍정적으로 작용할 가능성도 충분히 존재한다. 왜냐하면 북한의 젊은 세대가 탈북을 결심하고 남한을 긍정적으로 평가하고 있는 주된 이유로 남한 체제에서는 자신이 노력하고 일한 만큼 보상을 받을 수 있고, 자신이 하고 싶은 일들을 할 수 있다는 점 등을 지적하고 있기 때문이다.

그리고 이러한 차원에서 생각해 보면, 지금까지 남북한 젊은 세대의 민족적 정체성을 유지하기 위한 노력만큼 자유민주주의, 시장경제, 복지국가 등의 문제와 관련하여 남한의 정치·경제 체제를 좀 더 좋은 방향으로 완성시키고자 하는 노력도 지속적으로 전개할 필요가 있다.

다음으로 더욱 중요한 문제는 한반도 통일이 남한과 북한 모두에, 그리고 남북한 젊은 세대의 개인적인 삶에 이익이 된다는 점에 대한 확신을 명확하게 심어줄 수 있는 방안들을 적극적으로 모색할 필요가 있다. 특히 남한의 젊은 세대는 통일이 남한 사회와 개인의 삶에 이익보다는 손해를 많이 미칠 것이라는 인식이 팽배하다는 특징을 보여 이에 대한 해결책을 제시하는 노력들이 요구된다.[9] 이와 같은 문제에 대한 적실성 있는 해결책들이 제시되지 않는 이상 결과적으로 통일 과정에서 상당한 갈등비용을 유발시킬 수 있기 때문이다.

일단 이 문제를 근본적으로 해결하기 위해서는 남북한의 대립과 긴장 관계가 해소되고 상호 교류와 협력을 통하여 공동 이익을 창출하는 모습들을 보여 주어야 한다. 하지만 단기적으로 남북한 관계가 이와 같은 방향으로 획기적으로 변환될 가능성은 낮아 보인다.

이러한 상황에서 남한의 통일 관련 기관들은 단순히 당위적인 차원에서만 통일론을 전개할 것이 아니라, 통일의 비용과 편익에 대한 명확한 분석과 설득을 통하여 통일에 대한 재원을 마련하려는 노력을 전개할 필요가 있다. 통일을 대비한 이와 같은 사전적 노력과 준비가 부족할 경우, 긴박하게 통일이 이루어지거나 장기간의 시간이 흐른 뒤 통일이 이루어지거나의 문제와 상관없이 통일 재원의 마련을 위한 사회적 공감대와 합의를 구축하는 데 많은 어려움을 겪게 될 가능성이 높기 때문이다.

특히 이 문제와 관련하여 현실적인 차원에서 오늘날 남한 주민들이

---

9 이 문제와 관련하여 통일이 한반도의 축복이고 블루오션이 될 수 있다는 점을 명확하게 인식시켜 줄 필요가 있고, 통일에 대한 잘못된 인식들을 바로 잡을 필요가 있다는 관점에서 다양한 논의와 제안들을 제시하고 있는 박세일의 최근 저작은 주목할 만하다(박세일, 2013).

부담할 의향이 있는 통일세의 수준, 그리고 북한 주민들이 스스로 감당할 수 있는 통일비용 역량 등에 기반하여 어떠한 통일 준비를 할 수 있는지에 대한 명확한 논의와 분석이 필요하다. 또는 역으로 남한 정부가 구상하는 통일과 그 준비를 위하여 국민 일인당 1년에 부담해야 할 통일세를 명확히 구체화하고, 이에 대한 논의를 통하여 합의를 도모할 필요가 있다.

이 외에도 본 연구의 결과를 놓고 볼 때 정치관심도를 높일 수 있는 민주시민 정치 교육이나 통일 교육 등도 적극적으로 전개할 필요가 있다고 판단된다. 왜냐하면 이러한 교육들을 통하여 남북한 젊은 세대가 통일에 대한 정보와 지식을 많이 보유할 수 있고, 이를 토대로 통일의 효과에 대하여 비교적 객관적인 판단을 할 수 있으며, 그 영향으로 통일비용의 부담에 대한 거부감도 상대적으로 낮출 수 있기 때문이다.

실제로 남한의 젊은 세대가 통일 문제에 대하여 무관심하거나 회의적인 태도를 보이는 배경에는 통일에 대한 관심과 올바른 정보 부족, 그리고 이로 인한 오해 등의 문제가 존재할 수 있다. 그러므로 통일 교육의 인지도, 참여도, 효과성 등을 높일 수 있는 다양한 콘텐츠를 개발하고 운영하는 노력이 요구된다.

이 밖에도 성별이나 이념성향 등과 같이 남북한 젊은 세대의 정치·사회·경제적 배경에 따라 통일의식이 차이를 보이거나 상반되는 특징을 보이는 이유들에 대해서는 향후 좀 더 면밀한 논의와 고찰이 필요할 것으로 판단된다. 그리고 이에 기반하여 통일 문제와 관련하여 남북한 젊은 세대 간에 존재하는 인식 차이와 간극을 메울 수 있는 노력들도 적극적으로 전개할 필요가 있다.

뿐만 아니라 본 연구에서는 분석 대상을 남북한 젊은 세대로 한정하고 있어, 직접적으로 다루고 있지는 않지만 통일 문제와 관련하여 세대 간의 인식 차이와 갈등 문제도 존재할 가능성이 높다. 그러므로 이와 같은 통일 문제에 대한 남북한 내 세대 간 인식 차이와 갈등 문제를 해결할 수 있는 방안들도 다각적으로 모색할 필요가 있다.

〔조진만 · 한정택〕

제2장

통일의식의 비교 2: 전통적 가치관, 집단주의와 개인주의

1. 들어가며

한국전쟁으로 분단된 남한과 북한은 그동안 전혀 다른 사회로 변모해 왔다. 남한은 자유민주주의를 지향하며 자본주의 경제로 진입했고 적극적인 교류를 통해 세계에 한국을 알렸다. 반면 북한은 사회주의 체제 속에서 극심한 경제난을 겪으며 외부와의 교류를 철저히 차단했다. 통일 이후 남북한은 각기 다른 정치적·경제적 가치를 추구하면서 같은 민족이지만 서로 간에 상당한 차이점을 갖게 되었다.

통일을 지향한다는 점에서 남북한 사람들이 느끼는 이러한 차이점이 어떻게 작용하는지 고민해 볼 필요가 있다. '통일이 언제, 누구에 의해, 어떠한 방법과 과정을 거쳐 이루어지는가?'의 문제에 대해 저마다 다른 생각을 가질 수 있지만, 많은 사람들이 언젠가는 단일 민족으로 통일된 나라를 염원한다고 본다. 그렇다면 우리가 서로 한민족임을 인식하고 어울려 살고자 했을 때, 남북한이 추구한 각각의 문화 속에서 하나의 통합된 사회로 어우러져 나아갈 수 있을지, 사람들의 생각과 행동은 이해와 배려 속에 잘 성장할지 고민해 보아야 한다.

2013년 서울대학교 통일평화연구원이 시행한 「김정은 1년, 북한주민의 의식과 사회변동: 2013년 북한이탈주민의식 및 사회변동 조사」에 따르면, 북한이탈 주민의 87.2%는 남한 사람들에 대해 강한 민족적 친밀감을 보이며 통일 후에도 남북한 사람들은 큰 문제 없이 잘 어울려 살 수 있을 것이라고 응답했다. 그러나 남한 사람들은 북한이탈 주민에 대해 사회적 거리감을 크게 느끼고 있었다(송영훈, 2013). 통일의식과 남한 사회의 수용에 대한 연구에서도 남한 사람들은 북한이탈 주민과 문화에 대해 낮은 포용성을 보이고 있음을 지적한다(정은미·송영훈, 2012).

남북한 사회와 문화, 사람들에 대한 상호 간의 이해가 전제되지 않는다면 단일한 사회권으로 통합하는 데 있어 장애가 발생할 수 있다. 서로에 대한 그릇된 지식과 오해는 상대를 헤아리기 어렵고 잘못된 인식을 낳게 한다. 북한이탈 주민의 정착 지원을 돕는 연구에서도 남한 사람들과 북한이탈 주민 사이의 상호 인식 차이는 사회적 지지를 이끌어내는 것을 저해하는 요인이라고 밝히고 있다(신미녀, 2009).

최근 들어 북한으로 남한 대중문화가 유입되어 상당수가 남한 사회를 간접적으로 접하기도 하고, 남한에서는 북한이탈 주민과의 접촉과 소통으로 사회적인 유대감이 형성되기도 하나, 대다수 남북한 사람들에게 서로의 사회는 아직 이질감 혹은 차이로 가득한 공간이다. 따라서 남북한이 통일에 대해 동일한 수준의 공감대와 공동 가치에 대한 합의를 형성하기 위해서는 상호 간의 이해가 전제되어야 한다. 즉 통일을 이루는 데 있어 제도적·경제적 문제 못지않게 사회문화적인 화합을 염두에 두어야 함을 알 수 있다.

이와 같은 관점에서 본 연구는 남북한 젊은 세대가 갖는 가치관이 어떻게 다른지 살펴보고, 사회문화적인 측면에서 그 요인을 분석해 보고자 한다. 문화를 통한 사회의 특성을 연구하기 위해서는 다양한 분석 수준이 요구되지만, 사회과학 분야에서는 주로 개인주의와 집단주의를 중심으로 논의해 왔다(Triandis et al., 1988; Hofsted, 1980).

그러나 이러한 이분법적인 분류는 분석에 한계가 있으며, 최근에는 차이를 넘어서 원인이 무엇인지에 관심을 돌려야 한다는 평가도 나오고 있다(최인철, 2012). 사실 한 나라의 문화를 이해하고 상이성을 설명한다는 것은 쉽지 않은 일이다(Cohen, 2001). 특히 행동의 차이를 지표로 두고 개인의 문화성향을 정의하는 순환론적 설명은 논리의 오류에 빠지기 쉽다(박혜경, 2011).

이러한 한계를 극복하기 위해 최근 거시적 관점에서 접근하거나 문화 내 다양한 하위문화를 연구하는 방법이 시도되었다.

니스벳(Nisbett, 2003)은 동양의 사고방식은 농경중심 사회에서 집단 내 협력, 조화와 질서를 중요하게 여기기 때문에 관계와 맥락을 중시한 동양적 사고가 발달한 반면, 서양은 유목이나 어업, 교역 등의 그리스 문명에서 기인하여 협력의 필요성이 약했기 때문에 개인의 자율성이 발달했다고 보았다.

코헨(Cohen et al., 1996)은 미국 남부지역 남성들이 북부지역 남성들보다 공격적인 것은, 초기 미국 남부에서는 척박한 환경을 개척하고 목축이 주요 경제수단이며 자신과 재산을 보호하기 위해 폭력을 정당화하는 문화가 있었기 때문이라고 보았다. 즉 문화 차이의 기저에는 역사와 관습을 통해 사람들 내에 심어진 것이 기초한다고 주장했다.

이와 같은 관점에서 본 연구에서는 남북한 사람들의 가치관, 사고방식, 정서를 분석하되, 사회·정치적 맥락에 초점을 맞추어 남북한 문화를 이해하고 상이성을 분석하고자 한다. 즉 남북한 간의 사회문화를 통해 양쪽의 차이점을 설명하고 사고방식에 어떠한 영향을 끼쳤는지 설명해 볼 것이다.

2. 개인주의와 집단주의적 특성과 전통적 가치관에 대한 인식

구성원들이 공통적으로 보이는 특성은 한 사회의 단면을 상징하는 역할을 한다. 이러한 연유로 한 사회를 이해하기 위해서 구성원들의 행동지각, 사고방식 등을 분석하여 그들의 특성을 파악하기도 한다. 문화를 설명할 수 있는 적절한 기준을 통해 사회의 내면을 엿볼 수 있는 것이다.

여러 분석 요소 중에서 집단주의와 개인주의 틀은 문화 간의 차이를 이해하는 기본적인 요소이다. 무엇보다 상이한 문화권의 구성원들이 보이는 행위를 설명하고 성향의 차이를 밝히는 데 효과적이다(Berger, et al., 1973).

홉스테드(Hofstede, 2001)에 따르면, 개인주의는 개인 간 구속력이 느슨한 사회로 자기 자신과 직계 가족을 돌보는 것을 최우선으로 여긴다.[1] 따라서 개인의 이익이 집단의 이익 때문에 희생되어서는 안 된다고 생각하며, 개인의 선호와 권리를 우선시하는 특징이 있다. 반면 집단주의는 태생적으로 집단에 속해 있으며, 집단에 충성하는 대가로 개인을 보호하는 사회를 의미한다. 집단의 이익을 위해서는 언제라도 개인의 이익이 희생될 수 있다고 생각하는 경향이 있으며, 공동체의 일원으로서 부여되는 의무와 규범이 개인의 목표보다 우선시하는 행동유형을 보인다.[2]

---

1 남한은 대만 등과 함께 집단주의적 국가군에 속하며, 개인주의적 국가군으로는 영국, 미국, 네덜란드 등이 있다.

2 그러나 이러한 집단주의와 개인주의 경향은 어느 사회에서나 혼재되어 나타나며, 어떤 사회도 순수하게 개인주의적이거나 집단주의적이지 않다(Triandis et al.,

이러한 기준에서 볼 때, 북한을 다룬 많은 문헌 연구들에서 북한 사회는 집단주의적 성향이 강하다고 언급하며, 남한 사회는 개인주의적 성향이 강한 것으로 분류한다(김홍규, 1992; 이원봉, 1995; 도종수, 2000; 김동규, 2002).

이를 정부에 대한 태도, 가족과의 관계와 관련하여 전통적 가치관에 대한 시각으로 적용해 본다면, 북한은 정부와 가족에 대한 충성도가 높은 반면, 남한은 가족이 중심이 되는 개인주의적 성향을 보인다고 할 수 있다.

1) 북한의 사회문화적 특성: 집단주의적 성향과 가부장적 문화

북한이 집단주의적 특성을 가지고 있다고 보는 요인은 북한 사회가 북한 사람들에게 요구하는 많은 규약과 강제에서 찾아볼 수 있다.

북한에서는 주민의 기본 권리와 의무를 규제하는 규범이 소년기부터 노년기에 이르기까지 시행된다. 개인적인 삶을 사는 것보다 당을 위해 충성하고 전체를 위해 살아야 함을 당연시하게 된다.

북한 사람들에게 집단주의적 사고를 취하는 것은 도덕적으로 바람직한 상태이다. 북한에서 발행한 『조선대백과사전』에 따르면, '집단주의'는 사람의 본성적 요구이며, 개인은 사회적 집단의 한 성원으로서 집단과 운명을 같이하게 됨으로써만 육체적 생명과 구별되는 사회적 생명을 지닐 수 있으며, 자기 운명의 주인으로서 자주적으로 창조적으로 살며 발전할 수 있다고 기술한다(백과사전출판사, 2004).

개인은 집단의 구성원으로서 존재할 때에만 가치가 있으며, 개인이 자신의 정체성에 의거해 사고와 행동을 하는 것은 구성원에서 배척되

1988).

고 구별되는 행위이다. 이러한 까닭에 북한 사회 전반에는 단체중심, 규약중심, 대의중심 등의 인식이 형성되어 있다. 이러한 집단주의 인식은 학습을 통해 체화된다.

북한에서는 모든 사람들이 전 생애에 걸쳐 노동당과 단체에 의무적으로 가입하게 되어 있다. 각종 조직생활과 사회단체, 모임에 참가하고, 당원으로서 당에 대한 충성을 맹세하는 교육을 지속적으로 받게 된다. 소년단, 청년동맹, 직업동맹 등 연령별·직업별·성별 조직은 집단의식을 수용하는 공간이며, 동시에 조직의 구성원으로서 역할을 다하고 있는지 당의 통제를 받는다.

당 규약을 통해서도 개인의 이익이 집단의 이익보다 우선시할 수 없음을 규정한다. 당 규약에는 당의 투쟁 목적과 투쟁 과업을 실현하기 위해 당원들은 당 생활을 어떻게 하는지, 어떠한 방법으로 개인이 당과 연계를 맺는지 당의 성격과 당원의 권리와 의무, 당의 조직 구조 등이 상세히 설명되어 있으며, 이러한 규약과 규율을 위반하지 않도록 끊임없이 교육과 교양을 하도록 되어 있다(이현주, 2011).

무엇보다 조직생활에서 핵심적인 역할을 하는 것은 생활총화(남한에서 칭하는 자아비판)이다. 조직의 모든 성원들은 자기 자신과 타인에 대한 비판을 통해 사상과 의식, 행동을 일치시키고 있다는 것을 증명하고자 한다. 이는 조직의 구성원들로 하여금 개인의 모든 가치를 소멸시키는 장치와 수단으로 작용된다. 즉 집단에서 인정하는 개인이란 당에 복종하는 개인에 불과하다고 볼 수 있다. 때문에 북한 사람들은 당의 목적에 따라 희생될 수 있는 복종적인 성격을 갖는다.

개인은 당의 발전을 위해서 존재하는 것이므로 개인적 성향과 가치는 무시되며, 개인주의는 체제와 이념과 사회의 안정을 해치는 가장 위협적인 요소로 인식된다. 따라서 집단에 속해 있으면서 개인의 생각과 행동의 자유를 주장하거나 권리와 의지를 보장받으려는 것은 비판적

대상이 된다(김승철, 2004).

마치(March)와 올센(Olsen)은 규범의 중요성을 강조하는 집단의 경우, 역사적 전통이 개인의 개성보다 중요하고, 규범과 도덕적 의무감이 개인의 기대감보다 중요하며, 집단의 정체성이 합리적 계산보다 중요하다고 보았다. 그러나 이러한 사회화가 과잉되어 개인주의적 성향을 포기하면 집단에 속한 사람들은 제도나 사회에 함몰된 상태가 올 수 있다(Sjoblom, 1993).

북한의 경우 지도자는 아버지로 은유화되고, 전체 주민은 당과 지도부의 지시에 절대 복종하며 따른다. 서로가 서로를 감시하는 억압기제가 사회에 형성되어 있으며, 개인이 중심이 되는 생활이 아니라 집단에 의거한 생활을 요구받기 때문에 수동적이고 획일적인 성향을 갖는다. 이러한 학습과 사회화는 개인이 인지하지 못하는 상태에서 체화되어 자기규제적 삶을 당연시하게 된다(조정아 외, 2010).

실제로 여러 연구에서 북한 주민은 심각한 생계의 위협에도 불구하고 각자의 생계를 위한 개인주의적인 행동을 자제하고 체제의 지시와 명령과 규범에 따르고 있음을 알 수 있다(전우택·홍창형·엄진섭, 2003; 정태연, 2006; 이현주, 2012). 생계의 위기에도 불구하고 의무를 다하며, 물질적인 보상이 이루어지지 않은 상태에서도 지속된다.

따라서 북한 집단주의는 정치사회화와 학교교육, 주체사상을 통해 수령을 충실히 따르는 경향을 보이고, 외부 사회와는 다른 독특한 시각과 가치관을 형성시킨다고 볼 수 있다(Kim, 2005).

이처럼 북한은 외부 정보를 차단한 상태에서 강력한 정치사회화가 지속적으로 진행됨으로써 북한 주민들은 체제유지 존속에 필요한 집단주의를 형성하게 되었다. 문제는 북한 주민들이 체제이탈 후에도 의식과 행동에 영향을 받게 된다는 점이다. 집단주의 가치관 및 정치사상 교육의 효과는 북한 체제를 벗어나도 사고방식을 쉽게 바꾸지 못할 정도로 강력하다. 내면화되고 체화되어 상당한 기간 부지불식간에 영향을 끼치는 것이다.

외부 소통과의 단절 속에 북한 지배체제의 철저한 이데올로기에 의해 생활하게 되고, 특히 사회화 과정 중에 유교적 전통에서 차용한 개념이 지배원리로 사용되었기 때문에 남북한 사회에서 통용되는 전통적 가치관에 대한 인식도 상당한 차이를 낳게 되었다.

2) 남한의 사회문화적 특성: 서구적 근대화 속에 발생한 개인주의 성향

홉스테드(Hofstede, 1980)에 따르면, 남한은 개인의 가치보다는 화합, 협동, 의무와 같은 가치를 강조하는 집단주의적 문화로 규정된다. 이러한 문화 분류법은 여러 면에서 한계를 보인다는 평가가 있으며 최근 연구 결과들에서는 더 이상 남한을 전형적인 집합주의 문화로 분류하지 않는 시각도 있지만, 여전히 현재까지 많은 학자들에 의해 사용되고 있다.

남한 사회가 개인주의적 성격이 강해졌다는 견해는 그 원인으로 서구의 영향과 근대화를 꼽는다. 남한 사회가 서열을 중시하며 위계 구조를 따르는 성향을 지니고는 있으나, 개인은 자신이 속한 집합체 안에서 자신의 정체성과 가치를 찾으려는 경향을 갖고 있다는 것이다.

특히 최근 젊은 세대를 중심으로 지향하는 바가 보다 개인주의적이며 자신의 자율성을 추구하는 것으로 변모하고 있다는 것을 근거로 세운다(나은영·차유리, 2010; 박재홍, 1999; 한규석·한수진, 1999).

이를 전통적 가치관과 연계하여 설명하기도 하는데, 임희섭(1994)은 산업화와 민주화의 과정에서 인본주의적인 가치를 경시하고 경제적인 것에 우위를 두었기 때문에 집합주의적 가치지향이 약화되었다고 주장한다. 개인주의 가치관이 남한 사람들의 의식과 행동을 지배하고, 특히 자신의 이익만을 극대화하려는 이기주의적 성격을 지닌다는 것이다.

이에 한광희·정태연(2001)은 젊은 세대의 가치체계가 매우 빠른 속도로 서구화되고 있기 때문에 성인 세대에 비해 젊은 세대는 개인주의적이며 이기적이고 평등주의적이며 물질지향적 특성이 강하다고 분석한다. 특히 서구의 프로테스탄트 윤리에 기초한 물질주의와 달리, 한국의 물질주의는 물질만능주의와 배금주의적 성향을 보인다고 논한다.

신수진·최준식(2002)은 남한 사회가 근대 일제 강점, 분단과 전쟁, 경제발전, 민주화와 같은 다양한 요구와 갈등의 경험으로 정치·경제·사회가 매우 급속히 변화했기 때문에 전통적 가치관이 약화되고 개인주의적 성향이 강화되었다고 지적한다.

반면 표면적으로는 개인주의로 변화하고 있는 듯 보이지만, 내면에는 전통적 가치가 오랫동안 기제했기 때문에 집단주의적 성향이 여전히 강하다는 주장도 있다(장성숙, 2004).

청소년들은 형식주의와 이중적인 판단 기준에 대해 부정적인 감정을 가지며, 집단주의 문화적 특성에 대해서는 긍정적인 시각을 갖는다는 연구도 있다(김윤명, 2009).

이렇듯 양자의 주장이 혼재하여 나타나기 때문에 남한 사회를 집단주의와 개인주의 문화로 엄격히 규정할 만한 연구는 부재하다고 볼 수 있다. 이러한 가운데 주목해 볼 점은 가치관과 인식을 연구한 몇몇 논문에서 언급된 한국인이 갖는 이중적 성향이다. 한국인들은 자신에게 정하는 잣대와 타인에게 정하는 기준이 상이하게 나타나는 경우가 많다.

홉스테드(Hofsted, 1980)에 따르면, 이중적 특성은 일보다 인간관계를 중요시하는 집단주의 문화에서 자주 나타난다. 관계를 중시하기 때문에 단순한 의사소통보다는 다면적인 것을 고려해야 하며, 내면에서 말하고 있는 속뜻을 잘 파악해야 한다는 것이다.

한국의 문화적 전통에는 '체면'과 '눈치'로 의중을 헤아리는 것이 중요하다는 점을 고려할 때, 남한 사람들의 이중성은 체면, 형식주의, 의례성, 핑계, 눈치 등으로 나타난다고 주장한다(나은영·차유리, 2010; 김윤명, 2009).

이러한 내용을 토대로 볼 때, 남한의 개인주의적 특성은 북한에서 나타나는 집단주의적 특성보다 매우 혼재되어 드러난다고 볼 수 있다. 즉 전통적 가치관을 존중해 왔기 때문에 윗사람과의 관계를 중요시하며, 자신이 속한 집단의 문화에 크게 영향을 받는 경향을 갖고 있다.

그러나 급격한 사회변화로 인해 사람들의 가치관이 빠르게 변화하였고, 이로 인해 개인의 자유와 권리를 우선시하고 중시하는 경향이 발생하게 되었으며, 따라서 집단주의적 성향이 내재되어 있으면서도 개인주의적인 측면이 강해지는 추세를 보이고 있다.

특히 고려해야 할 사항은 세대 간의 차이가 다른 외부조건과 비교해서 확연히 뚜렷하다는 점이다. 예를 들어, 청소년이나 젊은 세대의 개인주의적 성향이 성인과 비교하여 매우 강하게 나타나고 있다(김윤명, 2009; 정태연, 2006; 나은영·차유리, 2010; 최인철, 2012).

3. 분석

분석에서는 남북한 젊은 세대가 갖고 있는 성향을 묻기 위해 개인과 집단 간의 이익을 우선시하는 것은 무엇인지 살펴보고자 한다. 특히 전통적 가치관을 정부와 가족과의 관계와 비교함으로써 자신과 가족 중심의 개인주의를 측정하고자 했다.

남북한의 사회정서가 상이했던 점에서 예상되듯이, 설문 분석 결과에서도 남북한 젊은 세대가 갖고 있는 의식 차이는 동질감보다는 이질감을 유발할 가능성이 크다. 이와 같은 차이가 통일의식에서는 어떻게 반영되고 있는지 살펴보고자 한다.

다음 내용은 전통적 가치관과 개인주의와 집단주의에 관한 설문에 대한 결과이다.

1) 전통적 가치관의 수용

"정부, 국민 관계는 부모, 자식 관계 같아야 한다"는 문항에 북한의 젊은 세대는 79%의 절대적인 동의를 보인 반면, 남한의 젊은 세대는 46%만이 동의하는 데 그쳤다. 특히 북한 체제를 이탈한 지 1년 미만인 경우 93.8%의 절대적인 지지를 보여 정부를 바라보는 인식에서 남북한 세대는 상당한 차이를 갖고 있음을 알 수 있다.

"자식은 부모의 요구가 부당하더라고 따라야 한다"는 문항에는 북한 젊은 세대는 43% 동의했으며, 남한의 젊은 세대는 21%가 동의하는 견해를 보였다.

표 2-1 전통적 가치관 비교(1)

(단위: %)

구분		매우 동의함 (A)	동의함 (B)	A+B
정부, 국민 관계는 부모, 자식 관계 같아야 한다	남한	8.5	37.6	46.1
	북한	21.9	56.7	78.6
	차이	+13.4	+19.1	+32.5

표 2-2 전통적 가치관 비교(2)

(단위: %)

구분		매우 동의함 (A)	동의함 (B)	A+B
자식은 부모의 요구가 부당하더라도 따라야 한다	남한	1.2	20.1	21.3
	북한	10.2	33.0	43.2
	차이	+9.0	+12.9	+21.9

부모를 대하는 태도에 있어서는 정부의 관계보다는 적은 차이를 보이고 있으나 의견차가 22%나 나타나 각기 다른 시각을 가지고 있음이 분명히 드러난다.

이처럼 남한의 젊은 세대와 북한의 젊은 세대는 정부와 국민 관계와 부모를 대하는 태도에서 뚜렷한 사고의 차이를 보인다. 이는 남한과 북한 사회의 이질 문화를 단적으로 보여 주는 사례라고 볼 수 있다.

최근 들어 남한에서는 개인과 가족을 우선시하는 경향이 강화되었고, 과거에 비해 정부의 역할에 대해 실리적으로 생각하는 경향이 증가되었다. 때문에 '나라에 충성'의 위상은 근래 가장 크게 약화된 가치관 중 하나라고 볼 수 있다.

나은영·차유리(2010)가 진행한 한국인이 가치관 변화에서도 유사한 의미의 분석 결과가 도출되었다. 1979년, 1998년, 2010년 개별 설문조사를 통해 살펴보았을 때, 충효사상이 중요하지 않다고 생각하는 이들의 비율이 지속적으로 높아졌다. 1979년에는 대다수 한국 사람들이 충효사상을 한국 사회의 주류 가치관으로 인식했고, 충효사상을 경시하는 의견은 19.65%에 지나지 않았다. 2010년에 와서는 여전히 과반수 이상이 지지해 주요 가치관으로 통용되고 있지만, 충효사상이 중요하지 않다는 의견도 38.50%로 증가함으로써 개인적 활동을 중시하는 경향이 높아졌다.

특히 연령이 낮을수록 충효사상을 중요하게 생각하지 않는 경향이 있었다. 자신과 가족을 나라보다 우선시해야 한다는 항목도 이와 유사한 형태를 보이고 있다. 1979년에만 해도 나라가 자신과 가족보다 우선시되었으나, 1998년부터는 자신과 가족을 우선시하는 경향이 과반수를 훨씬 넘은 71%에 다다랐다. 2010년에는 90%에 가까운 이들의 지지를 받고 있는데, 이러한 점을 고려하면 '자신과 가족' 중심의 개인주의가 한국 사회의 주류 가치관으로 진입했음을 알 수 있다.

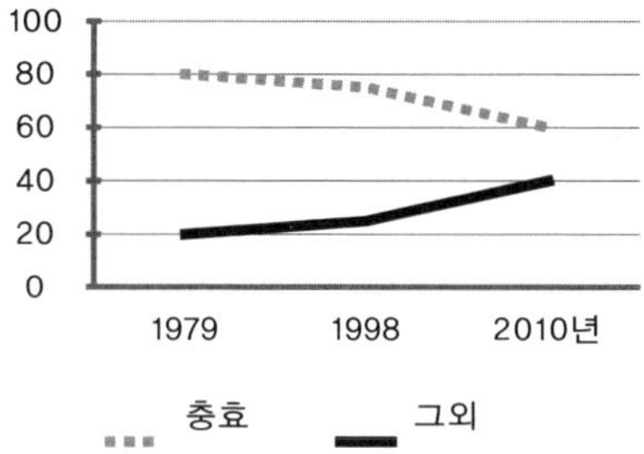

자료: 나은영·차유리(2010) 재인용.

그림 2-1 남한 사회에서 '충효사상'이 중요하다고 응답한 비율

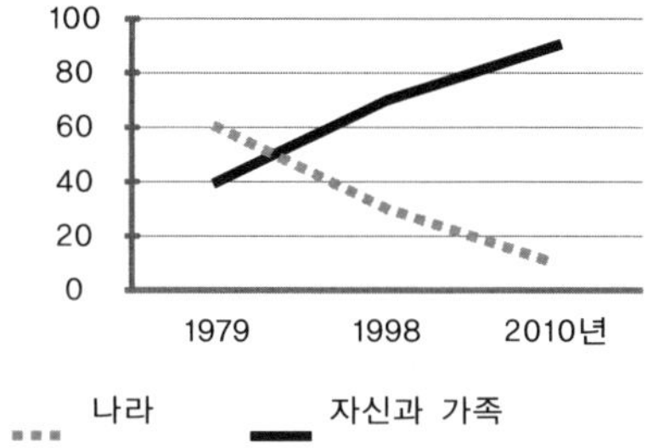

자료: 나은영·차유리(2010) 재인용.

그림 2-2 남한 사회에서 '자신과 가족'을 중시하는 비율

반면 북한에서는 체제의 영속성을 확보하기 위하여 전통적 가치관을 차용한 정치사회화가 지속적으로 진행되었다. 정치 과정에 유교의 충(忠)·효(孝)사상, 민족개념 등을 주입함으로써 지지와 충성을 유도하고 가부장제적 성격을 지닌 단일한 정치문화로 유인했다. 이는 북한 초기에서부터 지속적으로 보인 행위로 현재까지 지배적인 문화로 자리한다.

'수령님 아버지'라는 호칭에서 알 수 있듯이, 북한에서 지도자는 가부장으로서의 역할을 부여받은 존재이다. 북한에서 지배층과 당은 주민에게 있어 부모와 자식 간의 관계와 동일하게 설정된다. 때문에 북한 정치지도자에 대해서는 아버지에게 효행을 다하듯 절대적인 복종과 존경을 갖도록 강요한다.

이러한 효심(孝心)과 부성(父性)이 연관된 정치적 수사학은 권력의 정통성이 요구될 때 보다 강화되어 가시화되었다. 1994년 김일성이 사망하고 김정일에게 정치적 권위가 승계될 때와, 김정일에서 김정은으로 후계 체제를 구축하는 과정이 그 대표적인 사례로 볼 수 있다.

김정일의 권력 승계 당시 1990년대 북한 사회는 경제난, 자연재해, 김일성의 죽음 등이 발생한 총체적 위기의 시기였다. 때문에 김일성 사후 업적을 추모할 때에도 '고난의 행군'이라 칭할 만큼 북한 사회에 치명적인 난제를 지니고 있었다. 그러나 김정일로의 정권 이양을 김일성에 대한 충성스러움을 보임으로써 극복하고자 했다.

이를 두고 정병호·권헌익(2013)은 김정일 정권 승계를 '그리움의 정치'로 칭하며 대국상(大國喪)에 비유한다. 김정일은 장례행사에서 애국적 효심을 보임으로써 북한 사람들로부터 자연스럽게 김일성 정권을 정통적으로 계승했다고 인정받게 되었다는 것이다. 100일간 진행된 장례 절차에서 북한 사람들은 김정일의 효심을 목격하고 존경과 슬픔이라는 감정과 함께 김정일의 권위에 동의하게 된다. 이러한 통곡과 비탄의 슬픔을 곡으로 표하는 것은 보통 가족장에서만 발생하는 일인데, 국가 지도자에게 동일하게 보였다는 점을 볼 때 북한은 가족국가적 성격이 강한 사회로 분석된다.

김정은의 경우도 유사한 형태를 통해 권력을 승계하고자 했다. 김정은은 현재 김일성 시대의 향수를 자극하면서 김일성에 대한 효심을 극대화하며 북한 사회를 이끌어 가고 있다. 김일성과 외모를 비슷하게 만들고, 김일성이 내세웠던 인민친화적인 모습을 미디어에서 보여 줌으로써 역사적 정통성을 공고히한다. 동시에 김정일에 대한 효심을 동상 건립, 영생탑 건립 등으로 가시화함으로써 북한 사람들에게 정치적 정당성을 확보하고자 했다.

2012년 2월 14일 김정일 생일에는 대원수 호칭과 함께 김정일 시신이 안치된 곳에서 축포와 만세 등과 같은 화려한 예식 행사를 통해 김정은의 김정일에 대한 효행과 충성이 지극하며, 사후에도 김정일을 '영원한 총비서이자 국방위원장'으로 모시고 있다는 인식을 북한 사람들에게 각인시킨다(김창희, 2012). 이처럼 북한 사회에서는 현재까지 '효'의 가치가 정치적 이데올로기로 작용하면서 절대적이고도 중요한 위치를 점

유하고 있다.

이와 같은 '충'과 '효'의 개념은 남한과 북한 사회에서 서로 다른 위상을 차지하며, 이러한 경향이 설문조사에서 증명되고 있다.

그러나 <표 2-3>에서 알 수 있듯이, 남한에서의 체류기간이 길어질수록 남북한 젊은 세대의 사고 격차가 감소하는 경향을 보이기도 한다. 첫 번째 문항인 정부와 국민 관계에서는 남한 체류기간이 1년 이하인 북한 젊은 세대의 경우 거의 모든 응답자(93.8%)가 동의했으나, 체류 6년 이상인 북한 젊은 세대의 경우 동의한 비율이 70%로 하락했다. 즉 5~6년의 기간 차를 두고 정부와 국민 관계를 부모-자식 관계와 동일시하는 비율이 24% 정도 줄어들었다.

두 번째 문항인 부모 요구에 관해서도 남한 체류기간이 1년 이하인 북한 젊은 세대의 경우 43.8%가 동의했으나, 체류 6년 이상이 지나면서 동의하는 비율이 35%로 하락하여 8% 이상의 격차가 줄어들었다. 즉 남한에서 생활하면서 사회화가 이루어져 사고가 변화했음을 알 수 있다.

북한 젊은 세대의 가치관이 체류기간에 따라 변화하고 있음에도 불구하고 남한 젊은 세대의 응답비율과 비교해서는 여전히 분명한 시각의 차이가 존재한다고 분석된다. 이러한 사고방식의 차이는 사회문화적 측면에서 다양한 모습으로 간극을 보일 수 있다. 이하에서 두 문화에 보이는 차이에 대해 생각해 보고자 한다.

표 2-3 체류기간에 따른 차이(북한)

(단위: %)

구분	1년 이하 (A)	1~2년	3~4년	5~6년	6년 이상 (B)	B-A
정부, 국민 관계	93.8	89.4	73.3	76.7	70.0	-23.8
부모 요구	43.8	48.9	47.5	40.7	35.0	-8.8

첫째, 가족 내에서 형성된 가치관의 차이를 들 수 있다. 가족문화와 관련해서는 여러 문제를 논할 수 있는데, 특히 남북한 사회에서 수용되는 '효(孝)'에 대한 개념과 의미는 다소 차이가 있다. 남한에서는 최근 들어 효의 의미가 변화하고 있다.

1979년과 1998년까지만 해도 효도를 행한다는 것에서 부모 봉양이 중요하다는 생각이 한국 사회에 지배적이었다. 그러나 2010년에는 부모 봉양보다 출세가 곧 효도라는 인식이 자리하기 시작했다. 젊은 세대는 성공과 출세의 가치를 중요시하며 사회적으로 높은 지위에 오르거나 유명하게 되는 것이 부모 옆에서 수발을 드는 것보다 합리적인 효도라는 생각이 팽배했다. 이는 젊은 세대만의 생각이 아니라 50대 이상의 세대에서도 지지하는 의견이 커서 최근 10년간 세대차가 가장 크게 줄어든 가치관 항목이 되었다. 이처럼 한국 사회 전체가 효에 대한 개념이 전환되고 있음을 알 수 있다(나은영·최유리, 2010).

반면 북한 젊은 세대에게 효와 관련해 동일한 질문을 던졌을 때, 대다수가 출세도 중요하지만 부모와 같이 살며 봉양하는 것이 중요하다는 답변이 많았다.

> "이왕이면 출세도 하고 같이 사는 게 중요하겠지만, 그래도 부모님을 모시고 살아야죠."
>
> "저는 부모님과 같이 사는 것을 택하겠어요."

이처럼 사회를 바라보는 인식에서 남북한 젊은 세대의 차이가 나타난다. 북한 젊은 세대의 응답을 토대로 보면, 북한 사회는 남한이 1970년대와 1980년대 갖고 있던 효·충에 관련된 가치관과 유사한 형태를 보이고 있는 듯하다. 이는 북한 사회에서 형성된 효심(孝心) 수사학이 정치문화에 그치지 않고 유교적 가족문화 형태를 강조했기 때문이다.

북한에서는 "가족들 간의 육친적 사랑을 존중히 여기는 것은 가정도덕의 기본 원리로 중요하다"고 강조한다. 가정에서 아버지는 의사결정을 하는 중요한 위치로 인식되며, 때문에 부모에게 행하는 효는 중요한 가치로 여겨진다. 이와 같은 가족문화의 강조는 가족 내부에서 가부장적 질서가 해체될 때, 권위주의적인 북한체제 자체의 위기로 연결될 수 있다고 보았기 때문이다(김성복, 2000).

이러한 유교적 가족문화와 부계질서는 아버지의 권위에서 한정되지 않고 남녀 평등사상에도 영향을 끼친다. 남녀의 행동과 태도에 대한 구분이 내재화되면서 북한 여성들은 남자들에 비해 상대적으로 제약을 많이 받게 된다. 최근 경제난으로 어머니들이 시장경제에 참여하여 북한 사회에서도 변화가 있다고 보이나 여전히 차별이 존재하며, 표적집단 면접에서도 남한 여성의 태도와 행동이 북한 여성과 다르다는 의견이 많았다.

> "북한 남자들이 이곳에 와서 여자들을 보면 놀랄 거예요. 옷 입는 것도 자유롭고, 북한에서는 귀걸이도 마음대로 못해요. 말하는 것도 행동하는 것도 더 거침없어요."
>
> "남한 여자들은 더 당당하고 자유로운 것 같아요. 자기 생각을 바로 이야기하는 것도 달라요."

남한의 경우 분단 이후 가장 급격히 인식의 변화를 이끈 항목 중 하나가 남녀 평등의식이다. 여자의 사회활동, 혼전순결, 결혼 후 생활 등에서 급격한 가치관의 변화를 가져왔다.

나은영·차유리(2010)에 따르면, 1979년에 결혼한 여자는 가정 안에 있어야 한다는 생각이 60% 이상을 차지하는 주류 가치관이었다면, 2010년에 들어서는 36% 이하로 하락했다. 결혼 후 시집과 친정의 대우가 동등해야 한다는 의견은 1979년에는 36%에 그쳤지만, 2010년에는 90% 가까이에 이르러 절대적인 지지를 받았다. 이처럼 남북한이 바라보는 남녀에 대한 시각은 상당한 이질감을 지닐 것으로 예상된다.

정진경(2002)도 남북한 남녀 평등의식에서 남한이 상대적으로 높게 나타나고 있음을 지적한다.

둘째, 전통적 가치관의 수용 논의를 조금 확대하여 민족과 역사의식에 관해 생각해 보고자 한다. 북한에서는 민족개념과 전통적 가치관이 정치적 이데올로기로 작용하며 주요한 사상으로 자리한 반면, 남한에서는 전통적 가치관의 의미는 약화되었고 북한과 달리 윤리적 규범으로서의 역할에 그쳤다. 이와 같은 내면화는 민족개념과 역사의식에 있어 사고의 차이를 보이며 이질감을 낳을 수 있다.

남한에서도 전통과 민족에 대한 논의가 배제된 것은 아니다. 급격한 경제발전을 이루면서 기존의 문화와 삶의 방식들은 산업화·서구화되었고, 여러 사회 문제들이 제기되면서 민족과 전통에 대한 담론을 재생산했다. 박정희 정부는 정체성을 회복한다는 목적에서 민족 주체성 확립, 민족의식 고취, 전통문화 복원 등 전통과의 결합을 시도하였고, 전두환 정부에서도 권위의 도덕성과 정권의 정당성을 회복하고자 민족중흥을 기하는 정책들을 발현했다.

이는 홉스봄(Hobsbawm, 2004)이 영국 빅토리아 여왕이 위기, 혼란의 시대에서 '구시대적인 것을 보존'하는 의도적인 의식을 통해 존경받는 군주로서의 영속성과 민족성의 통합적 상징을 형성한 것을 지적한 것과 동일한 맥락에서 생각할 수 있다. 그러나 이후 계속된 경제중심의 정책은 인본주의적 가치보다는 물질주의적 가치관이 우세하게 했고, 합리적이고 실리적인 것을 추구하는 젊은 세대에게 전통적 가치관과 관습은 구세대의 유물처럼 이질감을 심어 준다. 최근 설문을 살펴보면, 젊은 세대에게 전통적 풍습이란 중요하지만 도움은 되지 않는다고 여기는 부류가 증가하고 있음을 알 수 있다(나은영·차유리, 2010).

반면 북한에서는 정치사회화의 방편으로 효와 충의 사상 이외에 민족개념을 사용했다. 초기 북한 사회는 일제 강점기로 인한 경제적·사회적 피폐화가 만연해 있었기 때문에 어떤 고난에도 희생을 감행하여 민족을 구해냈다는 신화 체계는 효과적인 지배원리로 작동할 수 있었다. 이는 다양한 기제 방법을 통해 나타나는데, 북한의 대표 가극 <피바다>와 <꽃파는 처녀>는 일제 강점기에 고난을 극복하면서 민족을 해방으로 이끄는 구원의 미학을 재현한 것으로 북한 사람들에게 대중문화 접근을 통해 민족개념의 이데올로기를 내면화한다.[3]

때문에 북한이탈 주민에게서는 강한 민족주의적 시각과 한민족에 대한 인식을 발견할 수 있다. 김정일-김정은 체제로 영위되면서 성격이 다소 변화하기는 하였지만, 식민주의, 민족에 대한 강조, 외세의 억압에 굴하지 않는 강력한 대응 등은 북한체제 작동의 기본적 요소였다. 특히 국가의 역할을 부모-자식 관계에 두고 민족을 강조했던 정치문화는 북한 사람들에게 부지불식간에 체화되었기 때문에 남한 사람들과 상당한 사고의 차이를 보인다.

표적집단 면접에서도 북한 젊은 세대는 민족에 대한 강한 고착화를 나타냈다. '통일'을 빨리 시행해야 하는 이유에서 대다수 북한이탈 주민 피면접자들은 '한민족'이라는 단어를 자주 사용했다.

> "우리는 한민족이므로 통일을 해야 하는 것이 당연해요."
> "남한에 와 보니 그래도 역시 우리는 한민족이구나라는 생각을 많이 해

3 전자는 일제에 의해 겪는 고난으로 과부가 된 주인공이 자신을 혁명시키고 아들도 항일무장투쟁으로 내보내 민족해방을 위해 목숨을 바치는 전사가 된다는 내용이고, 후자는 식민지배로 어린 애국소녀가 고아로 전락하지만 만주 빨치산 지도자를 통해 새로운 삶의 의미를 찾게 된다는 내용이다.

요."

"남한 사람들은 왜 통일을 미루려고 하는지 모르겠어요. 북한 사람들이 못산다고 이야기하는데, 우리도 기회가 주어지면 남한 사람들에게 피해 안 주고 열심히 잘 살 수 있거든요. 그리고 우리는 한민족이잖아요. 빨리 통일이 되어야 해요."

이처럼 북한 젊은 세대의 경우 민족개념에 익숙한 데 반해서, 남한 피면접자들은 '민족'이라는 단어를 거의 사용하지 않았다. 남한에서 한민족은 교과서에서 백의민족이라고 익힌 정도일 뿐, 민족에 대한 교육은 거의 없으며 생활하면서 느낄 기회도 거의 없기 때문인 것으로 보인다.

더욱이 통일교육에서도 북한에 대한 이해와 민족적 동질성보다는, 과거 권위주의 정부들이 내세운 체제중심 접근방법으로서의 반공교육으로 형성되었다.

한편, 노무현 정부에서는 북한 사회의 실상을 담기 위해 노력하고자 일상생활과 문화에 대한 비중을 높였음에도 불구하고 기말에 배치되어 소홀히 다룰 수밖에 없었던 점, 실제 교육현장의 교사들이 북한 사회 교육에 대해 부담스러워했던 점 등의 한계를 보였다(김영하, 2007).

역사인식에 있어서도 동일한 맥락에서 차이점을 찾을 수 있다. 북한의 젊은 세대 피면접자들은 남한에서 보게 되는 역사적 장소나 정치문화가 상징화되어 있는 건물에 거부감을 보이지 않았다. 현충원, 전쟁기념관, 문화유산 등에 대해서 직접 체험해 볼 수 있다고 좋은 반응을 보였으며, 남한에서 배우는 역사에 대해서도 거부감이 없었다. 그러나 이성계 회군에 대해서는 북한에서 부정적으로 배운다고 했듯이 외세에 굴복하지 않는 것에 대해 강한 역사인식을 보였다.

즉 이러한 사고 차이는 표면적으로 잘 드러나지 않으며 남한의 문화에 들어가고자 하는 자발적 순응이 형성된 것이지, 체제를 벗어난다고 해서 가치관이 쉽게 변화하지 않음을 알 수 있다.

이처럼 남한에서 나타나는 성공과 경제적 가치 추구, 가족중심 개인주의 성격과 북한에서 나타나는 지배적인 가부장제적 가치관은 실제 어울려 생활하는 경우 가족 간의 역할과 의미, 남녀관계 등 다양한 측면에서 이질감으로 나타날 수 있다.

2) 개인주의 · 집단주의 성향

"내가 속한 집단이나 사회의 이익을 나의 이익보다 우선시한다"는 문항에 북한 젊은 세대의 68%가 사회의 이익을 우선시한다고 응답했다. 반면 남한 젊은 세대의 동의는 59%에 그쳐 북한 응답률이 남한에 비해 9% 정도 높은 편이다. 이는 기존 연구의 주장에서와 같이 북한 사회를 경험한 젊은 세대는 공동체나 사회를 위해 개인이 희생될 수 있다는 집단주의적 속성이 강하다고 해석할 수 있다. 그러나 남한 세대의 경우도 과반을 넘어 집단주의적 성향이 어느 정도 있는 것으로 보인다.

"개인은 사회를 위해 희생할 준비가 되어 있어야 한다"의 문항에서는 남북한 응답자 간 상당히 다른 시각을 보인다. 북한 젊은 세대는 개인이 희생할 준비가 되어 있다는 응답에 과반 이상인 55%가 동의한 반면, 남한 젊은 세대의 응답자는 동의 비율이 34%에 그쳤다.

남북한 응답률의 차이가 20% 이상 보이는 점을 미루어 보아 양측 모두 집단주의적 성향을 지녔더라도 특징에서는 차이가 있음을 알 수 있다.

북한 사람들은 스스로 문제를 선택하고 해결한 경험이 적다. 주로 당에서 요구하는 인간상에 맞춰 생활하거나 지시된 일을 처리하는 데 익숙하기 때문에 지시와 감독자가 없는 것에 대해 매우 불안해할 수 있다(전우택, 2001).[4]

표 2-4 집단주의 · 개인주의 성향 비교(1)

(단위: %)

구분		매우 동의함 (A)	동의함 (B)	A+B
내가 속한 집단이나 사회의 이익을 나의 이익보다 우선시한다	남한	4.4	54.8	59.2
	북한	15.7	52.2	67.9
	차이	+11.3	-2.6	+8.7

표 2-5 집단주의 · 개인주의 성향 비교(2)

(단위: %)

구분		매우 동의함 (A)	동의함 (B)	A+B
개인은 사회를 위해 희생할 준비가 되어 있어야 한다	남한	2.1	32.3	34.4
	북한	8.7	46.4	55.1
	차이	+6.6	+14.1	+20.7

반면 남한 사람들은 스스로 내린 선택에 책임지도록 교육받고 경험해 왔다. 특히 젊은 세대일수록 "한국 사회는 경쟁이 치열하다"라는 인식이 어렸을 때부터 자리 잡고 있어 이익을 택하고 취하는 것에 익숙해 있다. 타인을 배려함으로써 돕는다는 생각보다는, 다른 사람들과의 경쟁에서 살아남아야 한다는 생각이 강할 수 있으며, 개인의 희생이 강요당하는 것을 거부하는 경향을 보인다.

이러한 남북한 사람들이 갖고 있는 일반적인 특징은 위의 설문 결과에 반영되고 있다. 즉 소속된 사회의 행동규범을 중시한다는 성향을 모두 갖고 있으나, '나' 의식의 주체성에 있어서는 문화가 구분되고 있음을 알 수 있다. 그러나 이와 같은 남북한 사고방식의 차이는 북한 젊은 세대의 경우 남한 체류기간이 오래됨에 따라 격차가 감소했다.

4 민주주의적인 가치관을 수용하는 것과는 구별된다. 그동안 북한이탈 주민을 대상으로 하는 경우 평등과 공정한 사회적 부의 분배 등 사회주의가 갖는 근본적인 가치관에 동의하는 부분은 있으나, 새로운 민주적 가치관을 받아들이는 데 거부감은 없었다(전우택, 2001).

표 2-6 체류기간에 따른 차이(북한)

(단위: %)

구분	1년 이하 (A)	1~2년	3~4년	5~6년	6년 이상 (B)	B-A
사회이익 우선	79.2	74.5	61.4	71.3	60.0	-19.2
개인 희생	77.1	57.5	46.5	59.8	43.3	-33.8

첫 번째 문항에서 남한 체류기간이 1년 이하인 경우 동의하는 비율이 80%에 가까웠지만, 6년 이상 남한에서 체류한 경우 60%로 하락해 19%포인트나 감소했다. 특히 남한의 응답률과 0.8%포인트밖에 차이가 나지 않았다.

두 번째 문항인 개인의 희생을 묻는 질문에서는 남한 체류기간이 1년 이하인 경우 동의하는 비율이 77%로 80%에 가까웠지만, 6년 이상 남한에서 체류한 경우 43%로 떨어져 무려 30%포인트 이상 감소했다. 남한과 비교했을 때는 9% 정도 차이를 보이고 있다.

위의 설문 결과에서 보듯이, 북한 젊은 세대는 남한 체류기간이 길수록 남한 젊은이의 성향과 가까워지고 개인주의 성향으로 변함을 알 수 있다. 6년 이상인 경우 남한 젊은 세대와 인식 차이도 비교적 적게 나타났다. 그렇다면 북한이탈 주민들이 남한에서 생활하며 개인주의적 성향에 쉽게 적응한다는 예측이 가능한데, 실제 현실에서 북한이탈 주민들은 이와는 달리 남한의 개인주의적 성향이 이해하기 어렵고 적응하기 힘들다고 느꼈다. 이러한 정서적 이질감은 화합의 갈등요인으로 남기 쉽다. 다음에 나오는 글에서 몇 가지 경우에 대해 생각해 보고자 한다.

먼저 남북한이 보이는 각 문화의 특성으로 어울림, 정착 과정에서 사람과 사회에 대한 신뢰도에 영향을 줄 수 있다. 특히 남한 사람들이 보이는 이중적 개인주의는 북한이탈 주민에게는 생소한 문화로 받아들여졌다. 표적집단 면접에 참여한 북한 젊은 세대에게 남한 사람들을 어떻게 인식하고 있는지 묻는 질문에서 대다수가 남한 사람들의 본심과 진정 원하는 바를 알 수 없다고 답했다.

> "북한 사람들은 순수해요. 보상을 바라지 않고 도와줘요."
>
> "북한 사람들처럼 순수한 사람이 서울에는 없어요. 농촌으로 가야 해요. 가면 있을까?"
>
> "남한 사람들은 속을 알 수가 없어요. 저 사람이 나를 좋아한다고 얘기하지만, 말로만 좋다고 하는지 잘 모르겠어요. 믿을 수는 없어요."
>
> "북한 사람들은 진실돼요. 남한 사람들은 잘 모르겠어요. 알다가도 모르겠어요."
>
> "남한 사람들은 뻥뻥 돌려서 얘기해요. 그게 좋을 때도 있지만, 북한에서는 안 그래요. 다 솔직하고 직접 말해요. 거짓말 못하고…."
>
> "연애할 때도 그래요. 남한에서는 밀당을 하는데, 북한에서는 그런 게 없어요. 남자가 좋아하면 그냥 적극적이에요."
>
> "제가 직장생활을 해 봤는데, 처음에는 잘해 주지만 뒤에서는 뒷소리를 하더라고요. 아 이게 남한 사람이구나! 그래서 많이 상처받고…. 나는 어떻게든 잘 지내보려고 했는데…."

이처럼 인터뷰에 참여한 북한 젊은 세대는 인터뷰에서 남한 사람들은 진실되지 못하고 신뢰하기 어렵다고 묘사했다. 때문에 남한 사람들이 보이는 이중성은 낯설고 당황스러워 대처하기 어려운 문화라고 볼 수 있다. 남한에 정착한 지 오래되었다 하더라도 정착 과정 중에 남한 사람들과의 경험은 쉽게 지워지지 않는 듯 보였다.

그러나 이들의 답변을 보면 기본적으로 남한 사회에 대한 호감은 높아 보인다. 남한 생활을 만족해하며 남한 사람들과 어울리고 싶어 하면서도 신뢰감은 낮은 모습을 찾을 수 있는데, 이는 기저에 남한은 경쟁과 스트레스가 심해 북한과는 다른 사회라는 생각이 강하기 때문이다.

“자유가 있으니깐 너무 좋아요.”

“뭐든지 내 취향에 맞게 할 수 있으니까.”

“하지 말라 하면 더 하고 싶잖아요. 그런데 여기는 자유가 있으니까 좋아요.”

“취직할 때 이력서를 내고 들어갔는데, 막상 들어가는 건 좋은데, 거기서 경쟁해야 돼요. 거기서 견뎌내지 못하면, 남한에서는 알아서 스스로 나가라는 식이더라고요. 그래서 스트레스 받는데….”

“여기는 스트레스를 많이 받아요. 북한에서는 그렇지 않아요. 밑천 조금만 있으면 장사해서 살아요. 스트레스 그렇게 안 받아요.”

“이렇게까지 경쟁이 심한 줄 몰랐어요.”

“경쟁이 심하다는 이야기는 듣고 왔어요. 삼촌이 여기 남한 학생들은 새벽 2~3시까지 코피 흘리며 공부한다고 얘기했어요.”

남한 생활을 그리는 묘사에서도 북한 사회와 구별된다. 북한이 갖고 있는 정서에 대해 익숙하고 긍정적으로 묘사하고 있음을 알 수 있다.

“남한에서는 옆집 사람들을 몰라요.”

“맞아요, 북한에서는 다 알아요. 다 친해요. 한동네 살면서 이웃에 대해 다 알게 되어 있어요. 근데 여기는 이웃에 대해 관심이 없어요.”

“북한에서는 동네 사람끼리 다 도와줘요.”

“좋은 점도 있어요. 연애하면 조금만 같이 다녀도 다 아는데, 여기는 사귀고 헤어져도 아무도 몰라요.”

북한이 남한에 비해 집단주의적 성향이 강함을 단적으로 보여 주는 내용이라고 할 수 있다. 그런데 문제는 집단주의적 성격이 강한 경우, 상이한 문화를 접했을 때 적응도가 떨어지는 경향을 보인다는 점이다. 따라서 새로운 문화에 적응하는 다양한 사회적 장치가 필요하다.

홍승범·박혜경(2013)은 집단주의 문화에서는 문화와 사회적 지지[5]가 중요함을 지적한다. 집단주의 문화권에 속한 사람들이 협동·배려와 같은 공동체적 가치를 중요시하고 주변 사람들의 삶에 기여하고자 하는 경향이 있다고 분석한다. 특히 집단주의는 사회적 지지가 유용하다고 자각하고 있기 때문에 관계를 통해 스트레스를 해소하는 경향이 있다고 밝히고 있다.

따라서 집단주의 성향이 강한 사람들은 개인의 노력을 통하여 스트레스를 해결하기보다는, 지인에게 사회적 지지를 제공받고 또한 제공함으로써 스트레스를 해소하기 때문에 사회적 지지가 유용하다고 자각하고 있다.

이러한 관점에서 북한이탈 주민이 새로운 문화에 적응하는 과정에서 관심과 배려를 비롯한 사회적 지지는 매우 효과적으로 작용할 수 있을 것이라는 예측이 가능하다. 실제로 인터뷰에 응한 북한 젊은 세대 중 많은 이들이 정착 과정에서 종교단체를 통해 안정감을 얻고 있었다.

> "남한 사람들은 좋은 사람들이 많았어요. 특히 교회 사람들은 편견 없이 따뜻하게 도와주고 큰 힘이 돼요. 그래서 남한 사람들에 대한 나쁜 생각도 더 없어지는 것 같아요. 우릴 좋아하는 좋은 분들, 사실 제가 남한 사람들 만나는 건 다 그런 좋은 분뿐이에요."

이는 북한이탈 주민이 사회 정착에 있어 소속감이 형성되어 있을 때 보다 긍정적으로 사회생활을 할 수 있음을 시사한다.[6] 북한에서 체화된

---

5 사회적 지지는 "자신이 사랑과 보살핌을 받고 존중받으며 소중히 여겨지고 상호 도움과 의무를 주고받는 사회적 관계망에 속해 있다는 지각 혹은 경험"이라고 정의된다(Wills, 1991). 스트레스 상황을 잘 이해하고 대처하도록 돕거나 구체적인 재정적 혹은 다른 형태의 지원을 하거나 애정 어린 돌봄과 배려를 제공하여 소중한 존재임을 일깨워 주는 형태로 나타난다(Tayor et al., 2007).

6 그러나 정작 북한이탈 주민들 간의 대규모 연대 형태로 발전하지는 못했다. 북한이

집단주의적 성향은 새로운 문화를 접했을 때 일반적인 환경의 사람보다 스트레스를 더 받을 수 있다.

특히 스트레스 수준이 높아 해결할 수 없을 경우 집단주의 성향을 지닌 사람들은 타인에게 개인적 어려움을 토로하고 도움을 구하는 것이 필요하며 정당하다고 여기기 때문에, 조력자 역할을 하는 사회적 지지집단을 구축하는 것도 남북한 문화가 조화를 이루는 대안이 될 수 있음을 시사한다.

또한 북한 젊은 세대의 경우 남한 사람들과의 접촉 횟수가 많을수록 적응이 수월하며, 어린 세대일수록 어렵지 않게 새로운 문화에 적응한다고 생각하고 있었다.

> "중학교, 고등학교 다니는 친구들은 문제가 없어요. 적응을 훨씬 잘해요. 남한 친구도 데리고 오고. 남한 사람들도 많이 만나요. 그런 애들은 남한에 대해서 좋은 소리도 많이 해요."

즉 남한 사람들과 교류가 많을수록 남한 문화에 대한 이해와 적응도가 높음을 알 수 있으며, 남한 사람들과 많은 소통을 원하고 있었다. 이러한 인터뷰를 고려한다면, 북한이탈 주민들이 새로운 사회나 문화를 접할 때는 초기 적응 과정에서 교류와 관심을 지원할 때 보다 효과적으로 사회에 적응하며 그 사회에 긍정적인 역할을 할 수 있을 것이라는 기대가 가능하다.

다음 고려해야 할 사항으로 북한 젊은 세대의 집단주의적 성격으로

탈 주민들 간의 대규모 모임, 축제의 장 같은 이벤트나 커뮤니티를 묻는 질문에서 인터뷰에 응한 북한 젊은 세대 대다수가 개인이 속한 학교, 종교단체 등 각기 소속된 사회집단을 중심으로 소규모적인 연대가 있을 뿐, 북한이탈 주민들 간 전체를 아우르는 네트워크는 들어보지 못했다고 했다.

야기된 소극적 수용, 내면화 문제를 들 수 있다. 북한 젊은 세대는 정착 과정에서 남한 문화에 자발적으로 흡수되려는 경향을 가지고 있었다.

인터뷰에서 북한 젊은 세대는 남한에서 살아남기 위해서는 남한 문화를 무조건적으로 수용해야 한다는 경향을 갖고 있었다.

> "남한 문화에 빨리 적응해야 해요."
> "제일 빨리 고쳐야 하는 것은 말하는 것이에요."
> "북한 문화를 버리는 것은 아니지만, 북한 말을 해서는 여기서 살 수가 없어요."

문화가 낮은 문화에서 높은 문화로 흐르는 경향은 무시할 수 없더라도 무조건적인 순응은 위험할 수 있다. 집단주의적 문화가 보이는 특성이라고도 볼 수 있는데, 제도와 체제에 순응하여 선호와 관계없이 사회에 함몰되는 모습을 보인다.

이정우(2006)는 북한이탈 주민들 중 청소년이 불평등과 자본주의적 평등을 강하게 내면화하고 있음을 주장했다. 남한에서 자신의 노력에 따라 꿈을 이룰 수 있는 긍정적인 면을 수용하는 것처럼, 동시에 기존 제도로 인한 불평등도 자연스럽게 받아들인다는 것이다. 이런 점을 볼 때, 강한 소속감을 느낄 수 있도록 하는 다양한 집단이 제공되어야 함을 알 수 있다.

4. 나가며

2013년 서울대학교 통일평화연구원이 시행한 「김정은 1년, 북한주민의 의식과 사회변동: 2013년 북한이탈주민의식 및 사회변동 조사」에 따르면, 남북한 주민들이 서로에게 느끼는 이질감은 심각한 것으로 지적되었다. 북한이탈 주민들은 가치관에서 91%, 생활풍습에서 88.7%, 언어사용에서 94% 다르다고 여겼고, 남한 사람들은 가치관에서 92.5%, 생활풍습에서 85.5%, 언어사용에서 88.2%에서 차이가 있다고 생각했다. 즉 남북한 사람들은 생활방식 혹은 정서적인 측면에서 서로 많은 부분이 다르다고 느끼고 있었다. 이러한 문화적 차이는 앞서 논의된 연구 결과에서도 유사하게 나타난다.

남북한 젊은 세대는 집단주의적 성향을 동일하게 보이면서도 각기 차별화된 특징을 보였다. 남한은 개인주의적 성격이 강하며, 충효 사상에 대한 중요도보다는 자신과 가족 중심으로 사고했다. 반면 북한의 정치사회화 과정을 거친 북한 젊은 세대는 체제를 떠나 있음에도 불구하고 북한 사회의 특징이 내면화되어 충과 효에 대한 사고, 집단의 이익을 중시하는 성향이 크게 변하지 않았다. 정착기간이 길어질수록 이들의 이질감은 줄어드는 경향을 보이지만, 설문 결과에서 유추된 상이성은 여러 가지 측면에서 고려해 볼 필요가 있다.

서로에 대해 느끼는 상이성과 이질감은 이해와 관용을 통해 다양성이 높은 사회로 발전할 수도 있지만, 사회의 분열을 야기하는 갈등의 요소 또한 내포하고 있다. 앞서 북한 젊은 세대가 남한 정착 과정에서 보인 일방적 수용을 미루어 볼 때, 한쪽으로 치우친 불균형적인 현상은 장기적 측면에서 긴장의 소지로 작용될 수 있다. 다름과 차이가 사회에서 원활하게 포용되지 못할 때, 대립과 충돌을 유발할 수 있다는 점을 간과하지 말아야 한다. 따라서 남북한 간의 상호 이해는 통합에 앞서 선행되어야 하는 실천과제라고 볼 수 있다. 향후 통일이 되었을 때 하나로 조화롭게 어울리기 위해서라도 서로의 사회와 문화를 이해하는 노력이 필요하다.

북한 사회의 경우 남한 문화가 조금씩 유입되고 있고, 미비하지만 내부적으로 변화의 싹이 발화하고 있다. 여러 연구에서 북한에서 거주한 많은 사람들이 북한 체제를 벗어나도 북한이라는 국가 자체를 싫어하지 않으며, 현재 북한에 거주하는 대다수 사람들의 경우에도 극심한 경제난 속에서도 북한에 만족하며 살고 있다는 사실을 언급하고 있다. 그런데도 시장참여, 북경지역과 개성을 중심으로 일고 있는 외부문화 수용의 움직임 등은 통합을 이루는 긍정적인 변화의 신호라고 생각한다.

최근 북한에서는 한류의 확산으로 남한 대중문화를 접하는 사람들이 급증하고 있으며, 북·중 간 교역으로 문화접촉의 속도가 높아졌다.[7] 무엇보다 북한 내부에서 외부문화의 유입을 막기 위해 다양한 억압 기제를 사용하고 있음에도 불구하고 문화유입이 지속된다는 점은 의미가 있다(조한범, 2013). 또한 경제난으로 인해 개인주의적 사고방식이 증가하면서 집단주의적 공동체 의식이 약화되는 경향도 중요한 현상이다.

이러한 움직임들을 추론해 볼 때, 비록 북한 주민들이 자신의 문제들을 집단적 행동으로 연결시켜 능동적으로 해결할 것이라는 기대까지는 아니더라도, 북한 사회 내부에서 분명한 의식의 변화가 생기고 있다는 것을 예측할 수 있다(김병로, 2013a; 전우택·홍창형·엄진섭, 2003).

반면, 남한에서는 북한이탈 주민 수용이 확대되고 있음에도 불구하고, 이들과 북한 사회에 대해서 무관심한 경향을 보인다. 일례로 표적집단 면접에 참여한 다수의 남한 젊은 세대는 북한에 대한 기본적인 정보도 부재했으며, 북한을 '옆에 있는 경제적으로 못사는 나라' 정도로 인식하고 있었다. 한민족에 대한 의식도 북한이탈 젊은 세대에 비해 약하게 나타났다.

이를 통일교육과 연관하여 생각해 보고자 한다. 통일에 대한 당위성

7 김병로(2013a)에 따르면, 2008년부터 2013년까지 국경지역에 사는 주민 중 한류 접촉 경험이 있는 경우가 90% 수준으로 매우 높게 나타난다.

만을 강조하거나 체제중심적인 접근방법, 반공교육의 강조 등은 북한 사회에 대해 편협한 시각을 생성하기 쉽다. 특히 학생들의 관심을 이끌어내지 못하는 통일교육 환경은 결과적으로 북한이탈 주민과 통일에 대한 거리감을 낳게 한다. 이처럼 통일교육이 형식적으로 진행되거나 단편적인 내용 위주로 형성되었다면 북한에 대한 관심과 이해도는 낮고 통일을 객관적으로 바라볼 수 있는 안목은 취약해져 있을 것이다.

통일과 한민족에 대한 의식 약화는 젊은 세대뿐 아니라 사회 전반에서 나타났다. 남한에서의 통일 논의는 국내외 다른 사안에 비해 상대적으로 비중이 낮게 다루어져 숙고할 만한 담론으로 발전시키지 못했다. 김대중·노무현 정부에 들어와 실질적인 남북한 교류협력 정책이 추진되었음에도 불구하고 국내의 경제·정치·사회 문제 해결이 우선정책 과제로 시행되었기 때문에 통일에 대한 관심은 뒤로 밀려나게 되었다. 이에 통일에 대한 논의는 세대별·계층별로 확대되지 못했다(강동완·박정란, 2012). 또한 한민족에 대한 개념도 매우 약해져 사회 주요 논의에서 배제되었다.

이처럼 남한에서는 북한에 대한 관심이 단절된 채 통일에 대한 담론을 이어가는 듯 보인다. 그러나 광범위하게 퍼져 있는 통일과 한민족에 대한 무관심은 통일의지를 저하시킬 뿐이다. 통일에 대한 담론을 발전시키기 위해서는 실제 북한의 실상이 어떠한지 관심을 갖고 올바로 인지하는 것이 필요하다. 북한이탈 주민과 북한 사회에 대한 이해와 관심은 분별력과 포용력을 키우고 결과적으로 통일에 대한 의지를 향상시킬 것이다.

남북한 이질감 및 거리감의 완화는 실질적인 이해 과정을 통해서 가능하다. 남북한이 정서적·제도적으로 단일한 통합체를 이루기 위해서는 일방적 통일이 아닌 상호 간 이해와 배려가 전제되어야 함을 분명히 인지해야 한다. 따라서 통일에 대한 담론에 앞서 무엇보다도 북한 사회

와 문화를 인지하려는 노력이 화합의 시작점이 되리라고 생각한다.[8]

〔김새미〕

8 배한동·성장환·김영하(2005)는 북한의 정치나 경제 체제는 상대적으로 많이 알고 있는 데 반해, 북한 주민들의 일상생활을 포함한 사회·문화 부분에 대해서는 취약한 점을 지적한다. 연구에서 설문과 인터뷰에 응한 응답자의 90% 이상이 남북한 사회가 다르다고 인식하고 있다고 분석했다. 조혜영(2006)은 편향된 내용들은 통일교육과 북한 사람들의 삶과 생활방식을 이해하는 데 오히려 역효과를 가져옴을 지적한다. 때문에 주체사상, 사회주의 경제체제 등의 거시적 차원과 더불어 개인의 일상생활과 심리적 변화를 고려해 삶을 중심으로 접근하는 내용이 보완되어야 한다고 주장한다. 이우영(2000)도 동일한 문제에 입각하여 극단적인 북한 생활의 묘사는 남한 사람들에게 의문과 오해를 낳게 한다고 문제를 제기한다. 북한은 전체적으로 무능해서 북한 사람들을 무식하다는 생각을 하게 되는데, 이는 비정상적이고 이상한 것으로 인식된다는 것이다. 예를 들어, 남한 리틀엔젤스 단원이 각시춤을 추면 "참 잘 한다"가 되지만, 북한 공연단이 춤을 잘 추면 "얼마나 훈련을 시켰으면~"이라고 여기게 되어 '강압적인 훈련'을 연상한다는 것이다. 즉 북한은 이해의 대상이 아닌 규범에 따른 판단의 대상으로 인식된다. 따라서 통일교육에 있어 북한을 단순히 객관적 대상으로 인지하는 것뿐 아니라, 개개인의 정서와 감정으로도 이해 가능한 수준의 내용 구성이 필요하다고 본다. 김영하(2007)는 학생들이 북한이탈 주민을 활용한 학교 통일교육 프로그램을 경험했을 때 학생들의 통일 문제에 대한 의식구조가 변화하였음을 분석하였다. 북한이탈 주민을 통해 통일교육을 받은 경우 통일 문제 및 북한 사회에 대한 관심도가 높고 긍정적인 통일관을 갖는 것으로 평가하면서, 북한 사회에 대한 객관적 정보는 이해력을 증진시키며 통일 문제에 대한 관심도와 의지를 증가시킴을 주장하였다.

제3장

정치의식의 비교 1: 정부신뢰와 정부신뢰의 결정요소[1]

1. 들어가며

시민들이 민주주의의 다양한 제도를 어떤 방식으로 신뢰하는지에 대하여 지난 10여 년 동안 정치학, 행정학 등 사회과학의 다양한 분야에서 많은 연구가 진행되었다. 일반 시민들의 민주주의 제도에 대한 신뢰는 그 제도가 안정적으로 유지되고 효율적으로 운영되기 위해 필요하다(김지희, 2006). 또한 제도에 대한 신뢰는 체제가 지지를 받고 정통성을 유지하기 위해 중요하다(Easton, 1975; Norris, 1999).

정치문화적 관점에서 민주주의를 연구하는 학자들은 정부 등 정치제도에 대한 신뢰가 민주주의의 공고화에 필요한 조건이라고 주장한다(Dalton, 1999; Norris, 1999; Shin, 1999; Mishler and Rose, 2001).

---

1 이재철(2013), 「남한주민과 북한이탈주민의 정부신뢰 및 정부신뢰 결정요소 분석: 젊은 세대의 비교」, 『정치정보연구』 제16권 2호, 115-143의 논문을 일부 수정 보완한 것이다.

특히 제도의 신뢰와 관련된 연구에서는 정부에 대한 신뢰에 대하여 많은 관심을 가졌다. 정부에 대한 신뢰는 정부의 투명성 및 관료의 경쟁력과 관련이 있다(La Porta et al., 1997). 정부에 대한 신뢰는 정부의 정책을 안정적으로 집행하고(이상신, 2010; Cole, 1973), 공무원의 도덕적 자원을 제공하기 위해 필요하다(Kane, 2001).

정부에 대한 불신이 오랜 기간 지속되는 경우 정치체제에 대한 불신으로 확산될 수도 있다(이숙종, 2006). 또한 정부에 대한 신뢰가 경제에 영향을 미친다는 분석도 있다. 정부에 대한 신뢰가 낮은 경우 거래비용을 증가시켜 투자가 감소되고 이로 인해 경제성장이 둔화된다는 것이다(Zak and Knack, 2001; Pharr and Putnam, 2000). 이 밖에 정부에 대한 신뢰가 개인들 사이의 신뢰와 관련이 있다는 연구도 있다(Delhey and Newton, 2005).

한국에서 제도에 대한 신뢰를 분석한 연구에서는 한국이 민주주의로의 이행을 경험한 지 25여 년이란 오랜 시간이 지났지만 정부에 대한 신뢰가 급격히 감소하는 현상을 발견하였다.

한국 시민들이 민주주의 제도를 회의적으로 평가한 결과는 세계가치조사(World Values Surveys), 아시안바로미터조사(Asian Barometer Surveys), 한국민주주의바로미터조사(Korea Demo- cracy Barometer Surveys)와 같은 시계열 자료의 분석에 잘 나타나 있다.[2]

정부에 대한 신뢰의 추이를 살펴보기 위하여 같은 문항을 포함하고 있는 1996년 한국민주주의바로미터조사와 2011년 아시안바로미터조사를 비교하여 분석하면, 행정부·입법부·사법부에 대한 신뢰는 각각

2 자세한 내용은 각각의 웹사이트를 참조할 것. 세계가치조사는 http://www.worldvaluessurvey.org/, 아시안바로미터조사는 http://www.asianbarometer.org/, 한국민주주의바로미터조사는 http://www.koreabarometer.org/.

40%, 38%, 34%포인트 하락하였다(박종민·배정현, 2011).

정부에 대한 신뢰가 하락하는 것은 한국 이외의 많은 국가에서 발견되는 일반적인 현상이다(박희봉·이희창·조연상, 2003).

그러나 한국에서 정부에 대한 신뢰는 지난 10여 년 동안 빠른 속도로 하락하였고 다른 국가들과 비교하여 낮은 것으로 알려져 있다(박희봉·이희창·조연상, 2003; 박미옥, 2004). 특히 최근 자료를 분석하면 20대와 30대 젊은 연령층이 정부를 신뢰하는 비율은 다른 연령층보다 낮았다.

2011년 아시안바로미터조사 분석에 의하면, 중앙정부를 신뢰하는 비율이 20대와 30대는 15% 미만이었고, 60대 이상은 35% 이상이었다. 공무원에 대하여 신뢰한다고 응답한 비율도 20대와 30대는 30% 미만이었고, 60대 이상의 노년층은 50% 이상이었다.

이 밖에 지방정부 및 입법부에 대한 신뢰에 대해서도 젊은 세대와 노년층은 큰 차이를 나타냈다. 반면 최근 발표된 연구에 의하면, 북한이탈 젊은 세대의 정치적 태도는 남한 주민과 큰 차이를 나타냈다. 한국의 제도에 대한 신뢰는 남한 주민보다 북한이탈 주민이 높았다(이정철·김갑식·김효숙, 2011).

특히 20대와 30대 젊은 세대를 비교하는 경우 북한이탈 주민은 한국 정부에 대하여 상대적으로 높은 신뢰를 나타냈다(이재철, 2012).

그렇다면 남한의 젊은 세대가 정부를 신뢰하지 않는 이유는 무엇인가? 반면 같은 젊은 세대로 분류되며 북한이탈 주민의 다수를 차지하는 20대와 30대 연령층이 남한 정부에 대하여 비교적 높은 신뢰를 나타내는 원인은 무엇인가? 두 집단 사이에서 정부에 대한 신뢰를 결정하는 요인은 차이가 있는가?

본 연구는 남한의 젊은 세대와 북한 생활을 경험한 북한이탈 주민 중 젊은 세대가 지니고 있는 정치적 태도와 정치문화의 차이를 비교 분석한다. 특히 정부에 대한 신뢰와 이에 영향을 미치는 요인들에 대하여 차이를 분석한다.

이 글의 구성은 다음과 같다. 1절에 이어 2절에서는 정부에 대한 신뢰의 개념에 대하여 소개하고, 정부에 대한 신뢰에 영향을 미치는 요소들에 대하여 설명한다. 3절에서는 연구가설, 분석모형 및 변수측정을 소개한다. 4절에서는 자료를 분석하며, 결론인 5절에서는 경험분석을 요약한다.

2. 정부에 대한 신뢰

1) 개념 정의

신뢰의 개념은 신뢰자(A), 신뢰 대상(B), 신뢰의 의미(X) 세 가지 요소로 구성되며, 이는 많은 연구에서 'A trust B to do X'와 같이 표현된다(Hardin, 1998; Kramer, 1999). 이때 신뢰자나 신뢰의 대상은 개인, 집단, 제도 등으로 구분되기 때문에 신뢰에 대한 연구는 분석 수준이 다양하다(박통희, 2000).

일반적으로 정부에 대한 신뢰를 분석하는 경우 신뢰자는 일반 시민이며, 신뢰의 대상은 정부이다. 그러나 신뢰의 대상에 따라 신뢰의 의미가 달라질 수 있기 때문에 신뢰의 대상에 대하여 구체적으로 정의할 필요가 있다.

본 연구의 신뢰 대상인 정부는 다양하게 해석된다. 정부는 넓은 의미로 입법부·사법부·행정부를 포함하는 통치기구를 말하며, 좁은 의미로는 입법부와 사법부에 대비되는 행정부만을 가리킨다. 그러나 정부에 대한 많은 연구에서는 정부를 넓은 의미, 즉 행정부·입법부·사법부로 이해한다.

신뢰의 의미는 다양하며 신뢰의 대상에 따라 다르게 해석될 수 있기 때문에 정의하기 어렵다. 신뢰는 대인신뢰에 대한 연구로부터 시작되었다. 이때 신뢰의 의미는 신뢰 대상에 대한 긍정적인 기대(Rotter, 1980; Gambetta, 1988; Robinson, 1996), 불확실성에 대하여 위험을 감수하려는 의지(Zand, 1972; Rousseau et al., 1998), 협력하는 행위(Deutsch, 1958; Ellison and Firestone, 1974) 등으로 해석되었다.

이 밖에 신뢰는 경제적인 관점에서 정의하기도 한다. 콜만(James Coleman)은 개인이 합리적으로 효용을 계산하고 측정한 결과로 신뢰를 이해한다(Coleman, 1990). 즉 신뢰는 경제적인 교환관계에 참여하는 인간들이 공유하는 사회적인 기대로 해석한다(Zucker, 1986).

제도의 한 부류인 정부를 대상으로 한 신뢰는 대인신뢰와 의미가 다르다. 정부에 대한 신뢰는 신뢰의 개념이 공적인 영역으로 확대된 것으로 사회구성원이 합의를 이룬 게임의 규칙에 대해 지니는 정치적인 태도이다(이수인, 2010). 즉 정부에 대한 신뢰는 정부라는 제도에 대해 개인이 느끼는 신념과 감정 또는 지지와 평가 같은 정치적인 태도를 의미한다.

그러나 정부에 대한 신뢰는 일반적으로 정치체제에 대한 지지로 이해한다. 제도에 대한 신뢰를 이론화한 이스턴(David Easton)의 연구는 정치체제가 유지되기 위해 정당성이 필요하다고 본다(Easton, 1975). 그는 이러한 정당성을 정치적 지지로 이해했는데, 이때 지지의 대상은 공직자(authorities), 체제(regime), 정치공동체(political community)로 구분할 수 있다.

공직자는 정치지도자 혹은 현직자에 대한 정향을 반영한 것이다. 체제는 정치체제의 가치를 대변하는 기본적인 원리와 함께, 행정부·입법부·사법부와 같은 제도의 성과 혹은 제도의 수행능력을 의미한다. 그렇기 때문에 체제는 공직자를 포함하는 개념으로 볼 수 있다.

마지막으로 정치공동체는 정치제도와 공직자에 대한 정향을 넘어 사회와 국가를 대상으로 하기 때문에 가장 광범위하다(조기숙·남지현, 2007; 박종민·배정현, 2011; 배정현, 2013; Easton, 1975).

이러한 논의에 의하면, 정부는 지지의 세 대상 가운데 공직자 혹은 체제로 이해할 수 있다. 그런데 정부를 공직자로 이해할지 아니면 체제로 이해할지는 중요한 문제이다. 정부를 공직자로 이해하는 경우 시민들이 이들에 대해 신뢰하지 않거나 지지를 철회하면 정부는 선거로 교체될 수 있다. 그러나 정부를 체제로 이해하는 경우는 다르다. 시민들이 체제에 대하여 신뢰하지 않는 경우 공직자를 교체해도 신뢰가 회복되기 어렵다. 그렇기 때문에 정치체제를 안정적으로 운영하기 위해 체제에 대한 지지나 신뢰를 더 중요하게 여긴다.

이런 배경 때문에 정부에 대한 신뢰는 신뢰자인 일반 시민이 신뢰 대상인 행정부·입법부·사법부의 정부에 대하여 지니는 정치적 태도로 이들에 대한 긍정적 기대나 지지로 이해한다(조기숙·남지현, 2007; 박종민·배정현, 2011; 배정현, 2013).

2) 정부에 대한 신뢰를 결정하는 요인

(1) 제도성과 모델

제도성과 모델에 의하면 정부에 대한 신뢰는 정부의 성과 및 수행능력에 의해 결정된다(Mayer, Davis, and Schoorman, 1995; Mishler and Rose, 2001). 시민들은 정부의 정책 성과나 정책 결과와 같은 정부의 능력을 보고 이에 대한 합리적인 판단을 결정한다(박종민, 1991; 이수인, 2013; Hibbing and Theiss-Morse, 2001). 즉 시민들은 정부가 제도를 잘 운영하고 그 결과가 만족스러우면 높은 신뢰를 표현한다.

그러나 정부가 기능을 제대로 수행하지 못하고 실망스러운 결과물을 제공하는 경우 시민들은 정부에 대해 낮은 신뢰를 표현한다(어수영, 2004; Mishler and Rose, 2001).

제도의 성과를 배경으로 정부에 대한 신뢰를 분석한 연구에서는 경제적 성과와 정치적 성과 두 종류의 성과가 정부에 대한 신뢰에 영향을 미치는 요소라고 주장한다.

서구 민주주의 사회를 분석한 연구에 의하면, 정치적 성과보다 경제적 성과가 정부에 대한 신뢰에 큰 영향을 미쳤다(이수인, 2013). 즉 서구 민주주의 사회의 시민들은 경제적 상황에 대한 변화를 평가하여 그 변화에 대하여 만족하는 경우 정부에 대해 높은 신뢰를 나타냈지만, 그렇지 않은 경우 신뢰를 철회하였다. 시민들이 정부의 경제성장률, 실업률 등과 같은 경제적 성과를 긍정적으로 평가하는 경우 아무런 문제가 없다. 그러나 정부의 경제적 성과가 부정적으로 평가받는 경우 그 책임 소재를 정부에서 찾는다(Lawrence, 1997).

정부에 대한 신뢰는 시민들이 평가하는 경제상황의 정도에 따라 영향을 받기도 한다. 경제상황이 좋지 않은 경우 경제의 완만한 하락은 정부에 대한 신뢰에 큰 영향을 주지 않지만, 경제가 좋은 상황에서 경제적 성과물의 작은 변화는 정부에 대한 신뢰에 큰 영향을 미칠 수 있다.

그러나 동유럽 신생 민주주의 국가를 분석한 연구에서는 경제적 성과보다 정치적 성과가 정치적 지지를 결정하는 것으로 나타났다 (Mishler and Rose, 1997). 민주주의가 안정적으로 유지되는 서구 사회에서는 정부에 대한 신뢰가 경제적 요인에 큰 영향을 받지만, 신생 민주주의에서 정부에 대한 신뢰는 정부의 정치적 요인에 의해 설명된다는 것이다. 즉 신생 민주주의에서 시민들이 정부의 정치적인 성과를 긍정적으로 평가하는 경우 정부는 신뢰를 얻는 것이다(이수인, 2013).

정부의 정치적 성과는 다양하다. 정부가 시민들에게 정치참여에 대한 평등한 기회를 제공하는 것은 정치적 성과의 한 부분이다. 이 외에 정부의 투명성 및 책임성도 정치적 성과로 이해할 수 있다.

(2) 사회문화 모델

사회문화 모델은 성장기에 완성된 인간의 가치체계가 상당 기간 지속된다는 사회화 이론을 기반으로 한다(Inglehart, 1997). 인간의 가치체계는 사회적·문화적 환경에 의해 영향을 받으며, 이런 과정을 통해 형성된 가치체계는 정부에 대한 신뢰와 같은 정치적 태도에 영향을 미친다는 것이다.

사회문화 모델은 물질주의·탈물질주의적 가치, 개인주의·집단주의적 성향, 대인신뢰 등이 정부에 대한 신뢰에 영향을 미친다고 주장한다.

우선 탈물질주의적 가치를 지니고 있는 사람일수록 정부에 대한 신뢰가 낮다는 주장이 있다. 잉글하트(Ronald Inglehart)는 서구 민주주의 사회에서 제도의 성과가 나쁘지 않음에도 불구하고 제도에 대한 신뢰가 하락하는 현상을 인간의 가치 변화로 설명하였다. 후기 산업사회에서 개인은 생존의 문제를 벗어났기 때문에 그들이 중요하다고 판단하는 가치는 물질적인 것에서 탈물질적인 것으로 변화했다는 것이다(Inglehart, 1997).

이때 탈물질주의적인 가치관은 환경, 평화, 복지, 여성, 인권과 같은 사회문제와 새로운 유형의 참여확대 등 추상적이면서 삶의 질적인 분야에 관심을 갖는다(김욱, 2005). 이런 이유로 탈물질주의적 가치관을 지닌 시민들은 전통적인 권위 기관인 정부에 거부감을 나타내며, 동시에 더 높은 수준의 정치를 요구한다. 이런 사회의 변화는 정부와 같은 정치제도에 대한 신뢰의 하락으로 이어진다.

한국 사회에서도 탈물질주의적 성향을 지닌 시민일수록 정치제도에 대한 신뢰가 낮았다(어수영, 1999; 2004; 이숙종, 2006). 특히 경제적으로 풍요하고 사회적으로 안정된 사회를 경험한 젊은 세대는 탈물질주의적인 가치를 선호하기 때문에 정치제도에 대한 신뢰는 다른 세대보다 낮았다(어수영, 1999; Inglehart, 1997).

사회문화 모델은 개인이 지니고 있는 개인주의적인 성향이나 집단주의적인 성향이 신뢰에 영향을 미친다고 주장한다. 개인주의 성향을 지닌 사람은 집단주의적 성향을 지닌 사람보다 낯선 사람을 덜 조심하기 때문에 대인신뢰에 긍정적인 영향을 미친다고 본다(Oyserman, Coon, and Kemmelmeier, 2002).

그러나 신뢰의 대상이 정부와 같은 제도인 경우는 다르다. 개인의 목표를 우선시하는 개인주의 성향을 지닌 사람은 타인과의 관계에서 자율성이 최대한 보장되는 것을 선호한다. 그렇기 때문에 타인과의 관계를 규제하는 제도는 개인의 선택을 방해하는 요인으로 본다. 즉 개인주의적 성향을 지닌 사람은 최소한의 권위를 선호한다(Widavsky, 1987).

이런 성향 때문에 이들은 개인의 자율성을 침해할 수 있는 권위를 지닌 정부에 대하여 비판적이고 낮은 신뢰를 나타낸다. 반면 집단주의적 성향을 지닌 사람은 개인보다 집단의 목표를 중요하게 생각하기 때문에 정부에 대한 충성도와 신뢰가 높은 편이다.

마지막으로 대인신뢰가 정부에 대한 신뢰에 영향을 미칠 수 있다. 대인신뢰와 제도신뢰의 관계에 대해서는 다양한 의견이 존재한다.

먼저, 대인신뢰와 제도신뢰 사이에는 관련이 없다는 주장이 있다. 이들은 대인신뢰와 제도신뢰는 서로 다른 차원으로 이해한다. 반면 신뢰에 대하여 연구하는 다수의 학자들은 대인신뢰와 제도신뢰 사이에는 관계가 있다고 주장한다. 특히 많은 연구들은 대인신뢰가 제도신뢰에 영향을 미친다고 주장한다. 타인을 신뢰하는 사람들일수록 다른 사람들도 정부를 비롯한 제도를 잘 믿을 것이라 생각하고 제도를 신뢰한다는 것이다(이수인, 2010).

(3) 인지동원 모델

인지동원 모델은 정치에 대한 관심과 정치적 효능감이 정부에 대한 신뢰에 영향을 미친다고 본다. 사회·경제적 발전에 따라 매스 커뮤니케이션이 발달하고 시민들의 지적 능력이 향상되면서 정치에 대한 관심은 높아진다. 이런 과정에서 정부에 대한 시민들의 다양한 요구가 증가하지만, 정부는 시민들의 수요를 충족시키지 못한다. 이러한 환경은 정부에 대한 비판적인 시민들을 탄생시키고 정부에 대한 신뢰는 낮아진다(Inglehart, 1997; 조영호, 2013). 이들 관계는 다양한 경험적 연구들(이영민, 2010; 조영호, 2013)에 의해 증명되고 있다.

또한 정치문화를 형성하는 중요한 요소인 정치적 효능감도 정부에 대한 신뢰에 영향을 미칠 수 있는 정치적 태도이다(Timpone, 1998).

정치적 효능감은 내적 효능감과 외적 효능감 두 가지 구성 요소를 포함하는 것으로 알려져 있다. 내적 정치효능감은 자신이 정부 정책이나 정치 결과에 영향을 미칠 수 있다고 믿는 자신감을 의미하며, 외적 정치효능감은 정부와 같은 제도가 자신의 요구에 반응할 것이라는 신념을 말한다(Craig, Niemi, and Silver, 1990).

내적 정치효능감이 높은 시민은 정부에 대하여 비판적인 시각을 지닐 가능성이 높다. 정부가 하는 일에 대하여 말할 자격이나 능력이 있다고 믿는 시민은 정부에 대해 냉소적인 경향이 있다(Shingle, 1981).

그러나 일부 연구는 내적 정치효능감이 정부에 대한 신뢰와 관계가 없다고 주장한다. 반면 외적 정치효능감은 정부에 대한 신뢰와의 관계에서 다른 모습을 나타낸다(Craig, Niemi, and Silver, 1990). 정부가 자신의 다양한 요구에 반응할 것이라는 신념을 지니고 있는 시민은 정부에 대한 불만이 적기 때문에 정부를 신뢰하는 경향을 보인다는 것이다.

3. 연구설계

1) 연구가설

정부를 신뢰하는 데 영향을 미치는 요소들에 대한 앞의 세 가지 모델로부터 다음과 같은 연구가설을 설정할 수 있다.

[가설 1] 제도성과 가설

정부의 정치적 성과나 경제적 성과를 긍정적으로 평가하는 시민은 정부에 대한 신뢰가 높을 것이다.

[가설 2] 사회문화 가설

물질주의적 가치관이나 집단주의적 성향이 강한 시민, 타인에 대하여 높은 신뢰를 지니고 있는 시민은 정부에 대한 신뢰가 높을 것이다.

[가설 3] 인지동원 가설

정치에 대하여 관심이 낮은 시민은 정부에 대한 신뢰가 높을 것이다. 그러나 정치적 효능감은 유형에 따라 다른 모습을 나타낼 것이다.

2) 분석모형

본 연구의 가설을 검증하기 위한 기본적인 분석모형은 다음과 같다.

$$Y_i = \alpha + \beta_{11}X_{1i} + \beta_{12}X_{2i} + \beta_{13}X_{3i} + \beta_{14}X_{4i} + \beta_{15}X_{5i} + \beta_{16}X_{6i} + \beta_{17}X_{7i} + \epsilon_i$$

Y_i: 정부에 대한 신뢰

X_{11}: 정치만족, X_{12}: 경제상황, X_{13}: 물질주의·탈물질주의, X_{14}: 개인주의·집단주의, X_{15}: 대인신뢰, X_{16}: 정치관심, X_{17}: 정치적 효능감

3) 변수측정

종속변수인 정부에 대한 신뢰는 행정부·입법부·사법부에 대하여 얼마나 신뢰하고 있는지의 여부로 측정하였다. 먼저 "전혀 신뢰하지 않음=0, 별로 신뢰하지 않음=1, 약간 신뢰함=2, 매우 신뢰함=3"으로 코딩하였고, 이후 행정부·입법부·사법부 3부에 대한 신뢰를 함께 고려하여 단일지표를 만들었다. 따라서 정부에 대한 신뢰는 10점 척도로 최솟값은 0이고, 최댓값은 9이다.

정치적 성과는 정치에 대한 만족도로 측정하였다. 설문서에서는 "현재 남한의 정치에 대해 어느 정도 만족하십니까?"라고 물었다. 문항은 4점 척도로 구성되었으며, "매우 불만족한다=0, 매우 만족한다=3"으로 코딩하였다.

경제적 성과는 "현재 남한의 경제사정이 어떻다고 생각하십니까?"의 문항을 사용하여 측정하였다. 문항에 대해 응답자는 "매우 나쁘다=0, 매우 좋은 편이다=4"까지 선택할 수 있다.

물질주의·탈물질주의적 가치는 8개 문항을 사용하여 측정하였다. 설문서에서는 응답자에게 "다음 국가목표 중 장기적으로 볼 때 가장 중요한 것과 두 번째로 중요한 것을 각각 하나씩 선택해 주십시오"라고 질문하였다. 먼저 응답자는 "높은 경제발전 유지", "방위력 증가", "직장과

사회에서의 참여 증대", "환경 개선" 가운데 가장 중요한 목표와 두 번째로 중요한 목표를 하나씩 선택할 수 있다.

다음으로 응답자는 같은 질문에 대해 "사회의 질서 유지", "정부정책 결정에 국민참여 확대", "물가·인플레 억제", "언론자유 보장" 가운데 가장 중요한 목표와 두 번째로 중요한 목표를 하나씩 선택할 수 있다. 8개 문항 가운데 "높은 경제발전 유지", "방위력 증가", "사회의 질서 유지", "물가·인플레 억제"를 선택했으면 물질주의적 가치를 중요하게 생각하는 응답자이고, 나머지 4개 문항을 선택했으면 탈물질주의적 가치 성향을 지니고 있는 응답자로 이해할 수 있다.

문항에 대하여 물질주의적 가치를 선택한 경우는 0으로, 탈물질주의적 가치를 선택한 경우는 1로 코딩하여 합산하였다. 최종적으로 물질주의·탈물질주의적 가치를 측정한 값은 0부터 4까지 존재한다.

개인주의·집단주의적 성향을 측정하기 위해 두 문항을 사용하였다. "내가 속한 집단이나 사회의 이익을 나의 이익보다 우선시한다"와 "개인은 사회 전체를 위해 자신의 이익을 희생할 준비가 되어 있어야 한다"는 문항에 대해 "동의하지 않는다=0, 동의한다=1"로 코딩한 이후 합산하였다. 개인주의·집단주의를 측정한 값은 0에서 2까지이다.

대인신뢰는 "대부분의 사람들은 신뢰할 수 있다는 주장과, 사람들을 대할 때 매우 조심해야 한다는 주장에 대하여 어떻게 생각하십니까?"의 문항을 사용하여 측정하였다. "사람들을 대할 때 매우 조심해야 한다=0, 대부분의 사람들은 신뢰할 수 있다=1"로 코딩하였다.

정치관심을 측정하기 위해 "개인적으로 정치에 얼마나 관심이 있습니까?"의 문항을 사용하였다. 4점 척도로 "전혀 관심이 없다=0, 매우 관심이 있다=3"으로 코딩하였다.

정치적 효능감은 두 종류의 효능감으로 구분하였다. 내적 정치효능감은 "나 같은 사람에게는 투표만이 정부가 어떻게 해야 되는지에 대해 말할 수 있는 유일한 방법이다"의 문항을, 외적 정치효능감은 "우리 같은 사람은 정부가 하는 일에 대해 말할 자격이나 능력이 없다"의 문항을 사용하였다. 응답자는 문항에 대해 "전혀 동의 안 함, 별로 동의 안 함, 대체로 동의함, 전적으로 동의함" 가운데 하나를 선택할 수 있다. 내적 정치효능감은 "전혀 동의 안 함=0, 전적으로 동의함=3"으로, 외적 정치효능감은 "전혀 동의 안 함=3, 전적으로 동의함=0"으로 코딩하였다.

4. 경험적 분석

1) 정부에 대한 신뢰

본 연구는 정부를 넓은 의미에서 행정부·입법부·사법부를 포함하는 통치기구로 이해하였다. 그렇기 때문에 이들 개별적인 제도에 대한 시민들의 신뢰를 분석했다.

<표 3-1>에 나타나 있듯이, 남한 20·30세대의 정부에 대한 신뢰는 전반적으로 낮았다. 특히 입법부에 대한 신뢰는 매우 낮았다. 남한의 젊은 세대 가운데 입법부를 신뢰("매우 신뢰한다" 또는 "약간 신뢰한다")한다고 응답한 비율은 7.5%로, 10명 가운데 1명도 안 되는 유권자가 그들을 대표하는 기관인 국회를 신뢰하고 있었다. 입법부에 대하여 "매우 신뢰한다"고 응답한 비율(0.6%)만 고려하는 경우 국회에 대한 젊은 세대의 불신이 어느 정도 심각한지 알 수 있다.

반면 행정부와 사법부를 신뢰하는 비율은 각각 21.8%와 36.5%로 입법부에 대한 신뢰보다는 높았다.

표 3-1 정부에 대한 신뢰

(단위: %)

구분		신뢰함	신뢰 안 함	χ^2
행정부	남한	21.8	78.2	151.08 ***
	북한	64.0	36.0	
입법부	남한	7.5	92.5	151.45 ***
	북한	43.4	56.6	
사법부	남한	36.5	63.5	88.23 ***
	북한	69.5	30.5	
전체	남한	5.2	58.9	198.17 ***
	북한	30.4	16.1	

주: * $p < 0.1$, ** $p < 0.05$, *** $p < 0.01$

북한 젊은 세대가 보여 준 정부에 대한 신뢰는 남한의 젊은 세대와는 다른 모습을 나타냈다. 북한 20·30세대 가운데 행정부·입법부·사법부를 신뢰한다고 응답한 비율은 각각 64.0%, 43.4%, 69.5%로 남한 젊은 세대와 큰 차이를 나타냈다. 신뢰한다고 응답한 비율로 두 집단을 비교하는 경우 행정부·입법부·사법부의 모든 정부 기관에서 30%포인트 이상의 차이를 나타냈다. 특히 행정부에 대한 신뢰의 차이는 40%포인트 이상으로 매우 컸다.

이 밖에 행정부·입법부·사법부 모든 기관에 신뢰를 표현한 비율은 <표 3-1>에 나타나 있듯이 남북한이 각각 5.2%와 30.4%로, 두 집단 사이에서 발견되는 차이가 매우 컸다는 것이 다시 증명되었다. 또한 두 집단에서 나타난 신뢰의 차이를 카이제곱(χ^2)으로 검정한 결과 행정부·입법부·사법부 모두에서 신뢰의 차이는 통계적으로 의미가 있었다. 북한 20·30세대는 남한에 체류한 기간의 차이에 따라 남한 정부에 대하여 신뢰하는 모습이 다르게 나타났다. 대체적으로 남한 체류기간이 길어짐에 따라 정부에 대한 신뢰는 하락하는 모습을 보였다.

표 3-2 남한 체류기간에 따른 정부에 대한 신뢰

(단위: %)

구분	1년 이하	1~2년	3~4년	5~6년	6년 이상	평균	χ^2
행정부	69.6	71.7	61.0	65.9	55.9	64.0	4.00
입법부	56.5	44.7	43.6	40.7	35.6	43.4	4.95
사법부	74.5	65.2	70.6	72.6	62.7	69.5	2.67
전 체	45.7	31.1	27.3	30.0	23.7	30.4	19.20

<표 3-2>에서 보여 주듯이, 체류기간이 1년 이하인 경우 입법부와 사법부에 대한 신뢰가 각각 56.5%와 74.5%로 가장 높았다. 반면 체류기간이 6년 이상인 경우 모든 기관에 대한 신뢰가 가장 낮았다. 체류기간이 6년 이상인 경우 체류기간이 1년 이하인 경우와 비교하면 행정부·입법부·사법부에 대한 신뢰가 10%포인트 이상 하락하였다. 세 부처의 모든 기관에 대하여 신뢰를 표현한 비율도 45.7%에서 23.7%로 체류기간에 따라 하락하는 모습을 보였다.

이런 추세가 지속된다고 가정하면 남한에 체류한 기간이 길어짐에 따라 정부에 대한 신뢰는 더 감소하고, 결국 남한과 북한 젊은 세대 간 차이는 좁혀질 것이다. 그러나 카이제곱 검정 결과에 나타나 있듯이 체류기간에 따른 정부에 대한 신뢰의 차이는 통계적으로는 의미가 없었다.

2) 정치만족 및 경제상황 인식

정부의 정치적 성과는 정치에 대한 만족도로 나타난다. <표 3-3>에 나타나 있듯이, 남한과 북한의 젊은 세대가 정치에 대하여 만족하는 비율은 각각 31.9%와 51.1%로 남한 젊은 세대가 정치에 대하여 만족하는 비율이 약 20%포인트 낮았다. 또한 남한 젊은 세대는 정치에 대하여 불만

족하는 비율이 만족하는 비율보다 두 배 이상 높았다. 즉 남한 젊은 세대는 정치인 혹은 정치제도에 대하여 부정적인 시각으로 평가하는 것이 분명하다.

한국의 경제상황에 대하여 남한 젊은 세대가 긍정적으로 평가하는 비율은 14.3%로 부정적으로 평가하는 비율 49.8%보다 매우 낮았다. 반면에 북한의 반수 이상(59.8%)은 남한의 경제상황을 긍정적으로 평가하였다.[3] 경제상황을 긍정적으로 평가하는 비율로 남북한을 비교하는 경우 그 차이가 45.5%포인트로 정치에 대한 만족도의 차이(20%)보다 컸다.

또한 남한 젊은 세대는 정치적인 상황보다 경제적인 상황을 보다 부정적으로 평가하였다. 반면 북한 젊은 세대는 반대의 모습을 나타냈다. 북한 젊은 세대의 경우 정치에 대해 만족하는 비율(51.1%)보다 현재 남한 경제상황에 대해 긍정적으로 평가하는 비율(59.8%)이 높았다. 카이제곱 검정 결과에 나타나 있듯이, 두 집단은 정치에 대한 평가와 경제상황에 대한 인식에서 분명한 차이가 있었다.

표 3-3 정치만족과 경제상황 인식

(단위: %)

구분		만족	불만족	χ^2
정치만족	남한	31.9	68.1	30.11 ***
	북한	51.1	48.9	
구분	남북한	좋은 편	나쁜 편	χ^2
경제상황	남한	14.3	49.8	229.07 ***
	북한	59.8	9.6	

주: * $p < 0.1$, ** $p < 0.05$, *** $p < 0.01$

3 경제상황에 대하여 "좋지도 않고 나쁘지도 않다"고 응답한 비율은 각각 35.9%와 30.6%였다.

3) 사회문화 가치

본 연구의 분석 대상인 두 집단은 다른 사회와 문화를 경험했기 때문에 가치관에서 차이가 존재할 가능성이 높다.

<표 3-4>에 나타나 있듯이, 남한과 북한 젊은 세대 사이에는 가치관의 차이가 분명히 존재하였다. 물질주의 그룹과 탈물질주의 그룹으로 구분하여 비교하는 경우 두 집단의 차이는 뚜렷하였다. 북한 젊은 세대의 경우 물질주의적 성향의 비율(47.8%)이 탈물질주의적 성향의 비율(7.5%)보다 훨씬 높았다. 반면 남한 젊은 세대는 탈물질주의의 비율이 물질주의의 비율보다 약 10%포인트 높았다.

또한 두 집단의 차이는 *t* 테스트 결과 통계적으로 의미가 있었다. 남한 젊은 세대는 탈물질주의적 가치관에 가깝고, 북한 젊은 세대는 아직 탈물질주의적 가치관이 형성되지 않은 것으로 이해할 수 있다.

두 집단 사이의 개인주의·집단주의의 성향도 차이를 나타냈다. 남한 젊은 세대 가운데 개인주의의 비율(34.3%)이 집단주의의 비율(27.8%)보다 높았다. 반면 북한 젊은 세대는 집단주의의 비율(47.8%)이 개인주의의 비율(24.8%)보다 두 배 가까이 높았다. 두 집단의 차이는 *t* 테스트 결과로 확인할 수 있었다.

표 3-4 사회문화 가치

(단위: %)

구분	남한	북한	t - test/χ^2
물질주의	20.0	47.8	10.22 ***
탈물질주의	31.5	7.5	
개인주의	34.3	24.8	-5.28 ***
집단주의	27.8	47.8	
대인신뢰	26.6	33.4	4.57 ***

주: * $p < 0.1$, ** $p < 0.05$, *** $p < 0.01$

대인신뢰에 대해서도 남한과 북한의 젊은 세대는 차이를 나타냈다. <표 3-4>에 나타나 있듯이, 타인을 신뢰할 수 있다고 응답한 비율은 북한 젊은 세대(33.4%)가 남한 젊은 세대(26.6%)보다 약 7%포인트 높았다. 또한 카이제곱 검정 결과 두 집단의 차이는 통계적으로 유의미했다.

4) 정치관심 및 정치적 효능감

정치에 대하여 관심("매우 관심이 있다", "다소 관심이 있다"에 응답한 경우)을 표현한 비율은 남한과 북한의 젊은 세대가 각각 65.9%와 71.9%로 북한 젊은 세대가 남한 젊은 세대보다 약간 높았다. 그러나 정치관심에 대한 차이는 카이검정 결과 통계적으로 유의미하지 않았다. 그렇기 때문에 정치관심에 대해 두 집단은 거의 차이가 없었다고 해석할 수 있다.

이에 비해 정치적 효능감은 유형에 따라 다른 모습을 나타냈다. <표 3-5>에 나타나 있듯이, 내적 정치효능감은 남한 젊은 세대와 북한 젊은 세대 사이에 거의 차이가 없었다. 또한 그 차이도 카이검정 결과에서 알 수 있듯이 통계적으로 의미가 없었다.

반면 외적 정치효능감은 두 집단 사이에서 차이가 발견되었다. 두 집단을 비교할 경우 남한 젊은 세대가 북한 젊은 세대보다 11%포인트 높았으며, 차이는 통계적으로 의미가 있었다.

두 집단 사이에서 정부 혹은 정치체제가 시민의 요구에 어떻게 반응하는가에 대해 주관적으로 느끼는 감정은 차이가 있었다. 즉 인지동원 모델을 설명하는 세 변수 가운데 정치관심과 외적 정치효능감은 남북한 간 차이가 없었고, 외적 정치효능감만 차이가 발견되었다.

표 3-5 정치관심 및 정치적 효능감

(단위: %)

구분		있음	없음	χ^2
정치관심	남한	65.9	34.1	3.45
	북한	71.9	28.1	
내적 정치효능감	남한	71.4	28.6	0.78
	북한	68.6	31.4	
외적 정치효능감	남한	90.7	9.3	22.02 ***
	북한	79.3	20.7	

주: * $p < 0.1$, ** $p < 0.05$, *** $p < 0.01$

5) 정부에 대한 신뢰에 영향을 미치는 요인

본 연구는 남한의 젊은 세대와 북한의 젊은 세대를 대상으로 하여 정부에 대한 신뢰를 설명하는 세 가지 모델에 대하여 분석하였다. 즉 남한과 북한의 젊은 세대가 인지하는 정치적 성과, 경제적 성과 및 사회문화 변수와 인지동원 변수가 정부에 대한 신뢰를 형성하는 데 어떤 영향을 미쳤는지에 대해 알아보았다. 종속변수인 정부에 대한 신뢰는 행정부·입법부·사법부의 신뢰를 고려하여 단일지표로 만들어졌으며, 0부터 9까지의 순서형(ordinal) 변수이기 때문에 분석에는 순서 로지스틱 회귀분석(Ordered Logistic Regression Analysis)을 사용하였다.

제도성과 가설(가설 1)의 분석 결과는 <표 3-6>에 나타나 있다. 남한과 북한의 젊은 세대 모두 정치에 대하여 만족도가 높을수록 정부를 신뢰하는 모습을 보였다. 남한의 젊은 세대가 인식하는 한국의 경제상황도 정부를 신뢰하는 데 영향을 미쳤다. 남한의 경우 20·30세대가 경제상황에 대하여 긍정적으로 평가할수록 정부에 대한 신뢰가 높았다. 그러나 북한 젊은 세대가 지니고 있는 한국 경제에 대한 평가는 정부에 대한 신뢰에 아무런 영향을 미치지 않았다. 분석 결과, 남한 젊은 세대의 경우 본 연구의 제도성과 가설(가설 1)이 경험적으로 검증되었으나, 북한 젊은 세대는 부분적으로 검증되었다고 볼 수 있다.

사회문화 가설(가설 2)의 분석도 두 집단 사이에서 상이한 결과를 나타냈다. <표 3-6>이 보여 주듯이, 남한 젊은 세대가 지니고 있는 물질주의·탈물질주의적 가치관 및 개인주의·집단주의적 성향은 정부에 대한 신뢰를 결정하는 요인으로 밝혀졌다. 남한의 20·30세대 가운데 탈물질주의적 가치관에 가깝고 개인주의적 성향을 지닐수록 정부를 신뢰하지 않았다. 그러나 타인에 대한 신뢰의 수준이 정부에 대한 신뢰에 영향을 미치는 요인은 아니었다.

반면 북한 젊은 세대의 경우 그들이 지니고 있는 물질주의·탈물질주의적인 가치관은 정부에 대한 신뢰에 영향을 미쳤으나, 개인주의·집단주의적 성향 및 대인신뢰의 여부는 정부에 대한 신뢰와 상관이 없었다.

인지동원(가설 3) 변수로 알려진 정치에 대한 관심과 정치적 효능감도 정부에 대한 신뢰에 영향을 미칠 것으로 예상하였다. 그러나 남한 젊은 세대의 경우 내적 정치효능감만 정부에 대한 신뢰에 영향을 미쳤다. 정부가 하는 일에 대하여 말할 자격이나 능력이 있다고 믿는 시민은 정부에 대해 냉소적이고 비판적인 경향이 높다는 가설은 증명되었다.

반면 북한의 젊은 세대는 예상과 다른 결과를 보여 주었다. 북한 젊은 세대 가운에 정치에 관심과 내적 정치효능감이 높은 응답자는 정부에 대하여 높은 신뢰를 나타냈다.

본 논문은 가설에서 시민들이 정치에 대한 관심이 높을수록, 내적 정치효능감이 높을수록, 정부에 대한 비판적인 시각을 지닐 가능성이 높기 때문에 정부에 대한 신뢰가 낮을 것으로 예상했다. 그렇기 때문에 북한 젊은 세대에 대한 분석은 가설에서 언급했던 예상과 반대의 결과를 나타낸 것이다.

표 3-6 정부에 대한 신뢰에 영향을 미치는 요인

구분	남한 젊은 세대	북한 젊은 세대
정치만족	0.97 *** (0.15)	0.54 *** (0.16)
경제상황	0.53 *** (0.12)	0.22 (0.16)
물질주의 · 탈물질주의	-0.24 ** (0.12)	-0.29 * (0.15)
개인주의 · 집단주의	0.35 *** (0.12)	0.18 (0.15)
대인신뢰	0.35 (0.22)	0.33 (0.25)
정치관심	0.22 (0.15)	0.28 ** (0.14)
내적 정치효능감	-0.25 ** (0.12)	0.40 ** (0.16)
외적 정치효능감	0.01 (0.14)	-0.18 (0.15)
성별	-0.10 (0.10)	0.05 (0.13)
교육	-0.10 (0.23)	-0.52 (0.32)
연령	-0.11 (0.19)	-0.36 (0.30)
남한 체류기간	–	-0.19 * (0.11)
N	504	265
LR chi^2	140.70 ***	57.59 ***
Pseudeo R^2	0.13	0.08

주: 괄호 안의 숫자는 표준오차(standard error)를 나타냄.
$^* p < 0.1$, $^{**} p < 0.05$, $^{***} p < 0.01$

마지막으로 북한 젊은 세대의 경우 남한 체류기간이 길어짐에 따라 행정부·입법부·사법부에 대한 신뢰가 하락했기 때문에 남한 체류기간은 정부에 대한 신뢰에 영향을 미칠 것이라 예상하였다.

그러나 <표 3-6>의 분석 결과가 보여 주듯이, 유의수준 0.1에서 남한 체류기간은 통계적으로 의미가 있었다. 그렇기 때문에 체류기간은 정부에 대한 신뢰에 영향을 미쳤다고 해석할 수 있다.

5. 나가며

본 연구는 남한과 북한의 정치적 태도 및 가치선호에 대한 차이를 비교한 연구가 부족하다는 사실로부터 시작되었다. 최근 발표된 연구 결과에 의하면, 남북한 20·30세대의 정치적 태도와 가치관은 다른 모습을 나타냈다. 특히 정부에 대한 신뢰와 같은 제도의 신뢰는 큰 차이를 보였다.

남한과 북한의 젊은 세대는 오랜 기간 다른 사회와 문화를 경험했기 때문에 정치적 태도와 가치관에서 차이가 존재하는 것은 당연할 수도 있다. 그러나 급변하는 한반도의 시대 상황에서 미래의 주체는 현재의 젊은 세대이다. 그렇기 때문에 이들의 정치적 의식이나 가치의 유사점과 차이점을 연구하는 것은 중요한 주제이다.

또한 북한이탈 주민들이 지니고 있는 정치적 인식과 가치관을 통해 북한 사회의 정치문화를 이해하는 데 도움이 될 수 있다(이재철, 2012).

논문의 분석 결과는 다음과 같이 요약할 수 있다.

첫째, 남한과 북한의 젊은 세대는 정부에 대한 신뢰에서 큰 차이를 나타냈다. 한국 정부에 대하여 남한 젊은 세대는 낮은 신뢰를 보인 반면, 북한 젊은 세대는 높은 신뢰를 나타냈다. 분석 결과, 북한 젊은 세대의 경우 정치만족, 물질주의적 가치관, 정치관심, 내적 정치효능감 등이 정부에 대한 신뢰에 영향을 미쳤다. 북한 체제에 불만을 지닌 이들이 남한 정부의 정책 성과나 정책 결과와 같은 가시적인 능력에 만족하고 남한 정부를 신뢰하였을 가능성이 있다.

후기 산업사회에서 정치적 관심과 정치적 효능감은 비판적인 시민들을 탄생시키고 정부에 대한 신뢰에 부정적인 영향을 미칠 가능성이 있다. 그러나 북한 젊은 세대의 대다수는 경제적 변화와 후기 산업사회를 경험하지 못했기 때문에, 이들이 지니고 있는 정치적 관심과 정치적 효능감은 예상과 다르게 정부에 대한 신뢰에 긍정적인 영향을 미쳤을 것이다.

둘째, 남한과 북한의 젊은 세대는 정치에 대한 만족과 경제상황을 인식하는 정도에서 차이를 보였다. 남한 젊은 세대는 정치에 대하여 만족하는 비율이 낮았으나, 북한의 경우는 다른 모습을 나타냈다. 특히 경제상황에 대한 인식의 차이는 컸다. 남한의 20·30세대는 현재 경제상황에 대해 부정적으로 인식하는 비율이 높았던 반면, 북한 출신의 20·30세대는 반수 이상이 남한의 경제상황을 긍정적으로 평가했다.

남한의 젊은 세대는 정부 정책에 대한 실망과 정치에 대한 부정적인 이미지로 인해 정치에 대한 만족이 낮을 수 있다. 또한 청년실업 문제 및 이들이 사회화 과정에서 경험한 경제위기의 경험 때문에 현재의 경제상황을 부정적으로 평가하였을 가능성도 있다. 반면 북한 젊은 세대는 정부 정책의 결과로 남한에서 생활하는 데 직접 도움을 받았다고 인식하고 정치에 대해 만족하였을 것이다. 또한 북한 사회에서 어려운 경제사정을 경험한 이들이 물질적으로 풍요한 남한의 경제상황을 긍정적으로 평가하였을 가능성이 있다.

셋째, 두 집단 사이에 가치선호의 차이가 분명히 존재하였다. 남한의 20·30세대는 경제적 변화에 따른 물질적 번영과 안정적인 환경으로 인해 탈물질주의적 성향의 비율이 높았다. 반면 북한 젊은 세대는 물질주의적 가치를 선호하고 있다는 사실이 경험적으로 증명되었다. 이들 가운데 물질주의적 성향의 비율이 탈물질주의적 성향의 비율보다 약 40% 포인트 높았다. 이들은 오랜 기간 불안정한 경제적·정치적 환경 속에서 생활했기 때문에 생존과 직접 관련이 있는 물질적인 가치관을 선호하였을 가능성이 높다.

북한 젊은 세대는 예상했던 바와 같이 집단주의적 성향에 가까웠다. 이들은 국가목표를 위해 공동의 행동을 중요시하는 북한 사회의 정치사회화 과정에 의해 영향을 받았다고 볼 수 있다. 반면 남한 젊은 세대는 산업화와 도시화로 인하여 개인주의 성향을 지니는 비율이 높았다. 남한 젊은 세대를 분석하면 집단주의와 개인주의 성향의 차이는 크지 않았다. 그렇기 때문에 남한에서 개인주의 성향이 증가한 것은 사실이지만, 집단주의 성향이 감소되었다고 볼 수는 없을 것 같다.

〔이재철〕

제4장

정치의식의 비교 2: 정파적 태도와 이념의 차이

1. 들어가며

한국전쟁이 끝나고 정전(停戰) 협정을 맺은 지 벌써 60여 년이 넘는 시간이 지났다. 분단의 고착화라는 고통 속에서 대한민국은 전 세계적으로 놀라운 경제성장과 민주화를 동시에 달성하였다. 그러나 분단상황의 지속으로 불필요한 국력 낭비와 이산가족의 고통, 자원의 분할 등과 같은 여러 폐해와 이로 인한 민족적 발전과 번영에 차질을 빚고 있는 것이 현실이다.

탈냉전 이후 국제사회는 세계화를 통해 무한경쟁 시대로 돌입하였다. 이러한 상황 속에서 우리 민족의 생존과 번영을 위한 시대적 과제는 새로운 성장 동력을 확보하는 것이고, 이것은 남북한의 평화적 통일을 통해서 가능할 것이다.

통일은 단순한 남북한의 분단 극복과 지리적 통합만을 의미하지는 않는다. 이에 더하여 서로 다른 두 체제를 자유민주주의와 시장경제의 기반 위에 통합하여 새로운 민족공동체를 결성하는 것이다.

통일에 대한 견해는 민족적 당위성을 강조하는 측면에서부터 공리(公利)적인 이유까지 다양하게 나타나고 있으나, 한편으로 적지 않은 국민들이 통일에 대한 기대보다는 통일 과정에서 나타날 수 있는 경제적 부담과 사회혼란 등을 우려하는 것 또한 사실이다. 이에 따라 통일에 대한 회의감이 확산되고 있다는 우려까지 등장하고 있다.

통일은 사회·경제적 혼란으로 야기되는 비용적 측면의 부담보다 훨씬 더 큰 이득을 가져온다는 신념의 확산과 함께, 21세기 민족의 번영과 발전, 개인의 삶의 질 향상 등을 위해 필요한 시대적 사명이라는 인식의 확산이 요구된다. 이를 위하여 통일시대를 살아갈 젊은 세대의 정치적 태도의 비교 분석은 의미를 갖는다. 당장 북한 체제의 급격한 붕괴나 남한으로의 신속한 흡수통일이 현실적으로 불가능하다면, 20·30세대의 통일의식과 정치의식은 향후 통일시대를 준비한다는 의미에서 그 중요성을 인정받을 수 있기 때문이다.

이 연구는 남북한 젊은 세대의 통일의식 조사 결과를 바탕으로 남한과 북한 20·30세대의 정치적 태도를 분석한다. 특히 본 연구에서는 남북한 젊은 세대의 정치적 정향과 이념성향에 따른 통일의식의 공통점과 차이점에 주목한다.

젊은 세대는 사회 내에서 발생하는 많은 변화를 경험하며, 다양한 경험을 통해 정치관을 비롯한 가치관이 형성된다. 특히 사회구성원의 정치적 태도와 의식은 그 사회 전반의 정치문화를 분석할 수 있는 도구적 측면의 중요성을 갖는다. 또한 남북한 젊은 세대는 통일시대의 주역이 될 사람들이며, 이들의 정치의식은 통일을 준비하고 통일 후 한국의 자유민주주의와 시장경제를 완성하는 데 중요하다. 구체적으로 남한 젊은 세대의 통일의식과 정치의식은 통일 과정에서 발생할 수 있는 사회·경제적 혼란과 가치관의 혼재 상황을 미리 준비하고 대비한다는 측면에서 중요성을 갖는다.

한편, 북한 젊은 세대의 통일의식과 정치의식은 북한 사회를 이해하고 그들의 요구사항을 정책에 적극 반영하여 통일시대를 준비할 수 있다는 점에서 중요하다. 이 연구에서는 남북한 젊은 세대의 통일의식을 분석하는데, 북한 젊은 세대에 대한 의식조사는 현실적·물리적 이유로 '북한이탈 주민'[1]을 대상으로 실시되었다.

<표 4-1>에서 보는 바와 같이 북한이탈 주민의 수는 1990년대 이후 지속적으로 증가해 온 것으로 알려져 있다. 이 중 여성의 비율이 70%가량이나 된다. 북한이탈 주민의 연령별 유형을 살펴보면, 20~30대의 비중이 전체 북한이탈 주민의 60%가량을 차지하고 있어 이들 젊은 북한이탈 주민에 대한 이해와 인식, 그리고 사회적 지원이 통일시대를 대비하기 위하여 중요한 것으로 판단된다. 북한이탈 주민의 성공적 정착과 함께 향후 통일시대를 준비하는 대한민국 국민으로 동화하는 데 있어서도 중요한 의미를 갖기 때문이다.

표 4-1 북한이탈 주민 입국 현황

(단위: 명)

구분	'98	'01	'02	'03	'04	'05	'06	'07	'08	'09	'10	'11	'12	'13.5 (잠정)	합계
남	831	565	511	472	624	423	512	571	608	671	589	797	402	142	7,718
여	116	479	632	810	1,272	959	1,510	1,977	2,196	2,258	1,813	1,909	1,107	454	17,492
합계	947	1,044	1,143	1,282	1,896	1,382	2,022	2,548	2,804	2,929	2,402	2,706	1,509	596	25,210

주: 2013년 5월 입국자 기준.
자료: 통일부 홈페이지(http://www.unikorea.go.kr).

---

1 북한에서 남한으로 귀순한, 즉 북한을 벗어나 남한으로 들어온 사람들에 대한 용어는 '탈북자', '탈북민', '새터민', '북한이탈 주민' 등 다양한 형태로 사용되고 있으나, 정부가 공식적인 법률 용어로 사용하고 있는 용어는 본 연구에서도 사용하고 있는 '북한이탈 주민'이다.

북한에 관한 연구는 북한의 정치체제나 남북관계 등에 관한 기존 연구들이 주를 이루는 가운데, 북한이탈 주민에 대한 기존 연구들은 대체로 남한 사회에의 적응 과정에서 북한이탈 주민들이 경험하고 있는 문제점과 대안에 관한 논의가 주를 이룬다(강창구, 2012; 박윤숙, 2010; 신두철, 2012; 신원식·배지철, 2010; 유시은 외, 2012; 최경환, 2007).

그러나 북한이탈 주민 가운데 젊은 세대를 대상으로 그들의 정치의식을 고찰한 연구는 몇몇 연구(박정서, 2011; 이정우, 2006; 이재철, 2013)를 제외하고는 찾아보기 힘들다. 아울러 젊은 북한이탈 주민과 남한 젊은 세대와의 정치적 태도 및 의식 변화에 관한 연구는 전무하다고 해도 과언이 아니다.

이러한 이유로 본 연구는 기존 연구의 논의를 검증하고 타당성을 입증하기보다는, 남북한 젊은 세대의 정치적 태도와 통일에 대한 의식조사 결과를 통해 비교 분석하여 정치적 함의를 찾는 것에 목적으로 두고 진행된다.

특히 본 연구에서는 남북한 젊은 세대의 '정당선호도'와 '이념성향'이라는 두 변수에 기반하여, 이들 변수 사이의 상관관계 및 응답자의 개인적·정치적 태도에 따라 통일의식이 어떠한 양상으로 나타나는지에 주된 초점을 두고 남북한 젊은 세대를 비교 분석한다.

본 연구는 다음과 같은 순서로 진행된다.

서론에 이어 2절에서는 개념적 논의와 조작화를 통해 본 연구에서 주로 사용될 변수들에 관하여 설명한다. 3절에서는 정당선호도에 따른 남북한 젊은 세대의 통일의식과 정치적 태도에 관하여 비교 분석한다. 4절에서는 이념성향에 따른 남북한 젊은 세대의 통일의식과 정치적 태도에 관하여 비교 분석하고, 마지막 5절에서는 앞선 논의들을 정리하고 본 연구의 함의와 과제를 제시한다.

2. 개념의 조작화와 변수 설명

여기에서는 본 연구에서 사용될 개념들에 대한 조작적 정의를 시도한다. 특히 본 연구에서 주요 개념으로 사용될 '정당선호도'와 '이념성향'에 대한 조작적 정의와 함께, 이 두 변수를 사용하여 분석하게 될 남북한 젊은 세대의 통일의식과 정치적 태도의 구성요소와 그 의의를 파악하고자 한다.

1) 정당선호도

일반적으로 투표 결정에 장기적이며 구조적인 영향을 미치는 정치적 정향 및 태도 변수로 가장 많이 사용되어 온 것은 유권자의 당파적 태도이다(Campbell et al., 1960; Miller and Shanks, 1996). 개인의 당파성은 일반적으로 유년기에 형성되어 노년기에 이르기까지 장기적으로 지속될 뿐 아니라, 다른 정치적 태도와 정향을 결정하는 데 커다란 영향을 미치는 변수이다(이갑윤, 2011). 특정 정당에 대해 습관적이고 구조적인 심리적 유착관계를 형성하고, 이를 통해 선거에서 특정 정당에 대한 지지를 결정하게 된다는 미시간 학파의 정당일체감(party identification)의 개념은 선거 연구에서 중요 부분을 차지하고 있다.

한국의 선거 연구에 있어서도, 특히 민주화 이후의 선거 과정에서 유권자의 정당지지 성향은 선거 결과를 좌우하는 가장 중요한 요인으로 인식되고 있다. 그러나 정당의 제도화가 일천하고 정당 사이 이념적 차별성이 부재하거나 정당의 이합집산이 빈번한 경우에는 정당일체감의 형성이 상당히 어렵다.

본 연구에서는 서구의 정당일체감의 개념을 '정당선호도'의 개념으로 대체하여 측정한다. 남한의 경우 정당의 형해화와 정책적 차별성이 별로 없기 때문에 서구에서 유권자의 투표행태 분석에 주로 사용되어 온 정당일체감을 그대로 사용할 수 없고, 북한이탈 주민의 경우 남한에서의 정치적 경험의 결핍 때문에 정당일체감을 사용할 수 없다.

응답자들의 정당선호의 차이는 대북정책을 비롯한 통일정책의 방향타를 제공하는 데 있어 커다란 의미를 가지며, 젊은 세대의 정당선호도는 미래 정치세력에 대한 영향력 및 통일한국의 정치세력 판도에도 영향을 미칠 수 있는 요인이기 때문에 중요한 의미를 갖는다.

아울러 정당 사이 정책적·이념적 차별성이 부재한 한국 정치에서 유일한 차별점은 대북정책을 포함한 통일정책이기 때문에, 남북한 젊은 세대의 정당선호도에 따른 통일의식과 정치적 태도 비교 분석은 의미를 갖고 있다. 남북한 젊은 세대의 정당선호도는 "현재 어느 정당을 지지하십니까?"라는 질문항을 통해 측정되었다.

2) 주관적 이념성향

이념성향이란 사회의 다양한 쟁점(issue)들에 대한 개인적 가치나 신념체계로 이해된다. 이념은 좌·우, 보수·진보처럼 하나의 차원에서 논의되기도 하지만, 국내정치, 외교, 안보, 경제, 사회, 문화 등 다양한 이슈 및 영역에 따라 다차원적으로 분석되기도 한다. 이러한 이유로 개인의 이념성향이 일관적으로 나타나기도 하지만, 이슈 및 영역에 따라 상이하게 나타나기도 한다(이재철, 2012).

기존 연구들의 논의에 따르면, 한국인의 주관적 이념성향은 대북지원, 한미동맹 등 개인적이며 외교·안보적 이슈에 대한 태도를 중심으로 결정된다고 한다.

지역주의 투표 행태로 일관되어 온 한국의 선거에서 유권자의 주관적 이념성향에 관한 연구는 비교적 최근에야 관심을 받아 왔다(강원택, 2003; 최준영·조진만, 2005; 이내영·정한울, 2007). 권위주의 시대의 민주 대 반민주 균열(cleavage)하에서도 경제성장, 법과 질서, 반공 등의 가치를 선호한 사람과 자유와 인권, 민주주의를 선호한 사람들의 가치정향에 따른 투표 결정은 존재하였으나, 이러한 균열을 서구의 좌·우 또는 진보와 보수의 균열이라고 보지는 않았다.

그러나 2000년대 들어서 유권자의 이념성향에 따른 정치적 행태에 대한 관심이 집중되었다. 그 이유로는 정당 경쟁에서의 이념적 분화와 유권자의 이념적 분화를 들 수 있다(이갑윤, 2011). 앞서 밝힌 바와 같이, 한국에서 국민들의 이념성향은 대북정책, 그리고 한미동맹에서 가장 큰 차별성을 보이고 있다. 따라서 본 연구에서는 남북한 젊은 세대의 이념성향에 따른 통일의식과 정치적 태도에 대한 분석을 시도할 것이다.

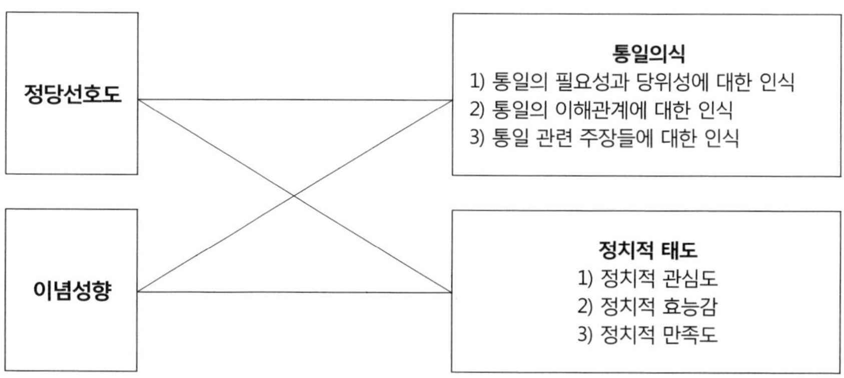

그림 4-1 연구의 분석틀

응답자의 개인적 이념성향을 측정하기 위하여 "정치에서 사람들은 보통 진보와 보수를 구분합니다. 숫자 0부터 10까지 중 귀하의 정치적 이념성향은 어디에 가깝다고 생각하십니까? 0에 가까울수록 진보적, 5는 중도, 10에 가까울수록 보수적입니다"라는 질문항을 제시하였고, 0~3점을 진보, 4~6점을 중도, 7~10점을 보수로 구분하여 측정하였다.

측정 결과, 남한 젊은 세대의 이념성향 평균값은 4.4점, 북한 젊은 세대의 이념성향 평균값은 5.1점으로 나타나, 북한 젊은 세대가 상대적으로 보수적인 이념성향을 보였다.

3) 통일의식

남북한 젊은 세대의 통일의식은 향후 건설될 통일조국에 대한 조감도를 형성하는 데 도움이 되며, 현 정부를 비롯한 대한민국 정부와 국민들의 통일방안을 도모하는 데에도 커다란 도움이 될 것이다. 본 연구에서는 크게 세 가지 방향에서 남북한 젊은 세대의 통일의식을 비교한다.

첫째, 통일의 필요성과 당위성에 관한 차원이다. 통일이 필요한 것인지, 필요하다면 그 이유는 무엇인지를 밝히는 작업은 통일조국의 방향성에 관한 사항으로, 본 연구에서는 "통일이 얼마나 필요하다고 생각하십니까?", "우리나라가 통일이 되어야 하는 가장 큰 이유는 무엇이라고 생각하십니까?"라는 두 가지 질문을 통해 통일의 필요성과 당위성에 관한 남북한 젊은 세대의 통일의식을 측정한다.

통일의 필요성에 관한 질문 결과, 남북한 젊은 세대의 대다수는 통일이 필요하다는 점에 동의하였다. 남한 젊은 세대의 경우 76.7%, 그리고 북한 젊은 세대의 98.8%가 통일이 필요하다고 응답하였다. 통일이 되어야 하는 이유에 대하여 남북한 젊은 세대는 모두 통일한국이 강대국/선진국이 되기 위해서라는 점을 가장 중요하게 지적하였다. 구체적으로 남한 젊은 세대의 45.3%, 북한 젊은 세대의 33.5%가 강대국/선진국이 되기 위하여 통일이 되어야 한다고 응답하였다.

둘째, 통일의 이해관계에 대한 인식 차원이다. 통일이 남한과 북한, 그리고 개인적 삶에 어떠한 영향을 미칠 것인지의 문제는 통일 과정에서 중차대하다. 통일이 남북한 양국과 개인의 삶에 보다 긍정적인 영향을 미친다는 인식이 전방위적으로 존재할 때, 모든 구성원들이 희망하는 원만하고 조화로운 통일이 가능하기 때문이다.

본 연구에서는 "통일이 남한에 얼마나 이익이 될 것이라고 생각하십니까?", "통일이 북한에 얼마나 이익이 될 것이라고 생각하십니까?", 그리고 "통일이 자신에게 얼마나 이익이 될 것이라고 생각하십니까?"의 세 가지 질문을 통해 통일의 이해관계에 대한 젊은 세대의 통일의식을 측정한다. 통일이 가져올 이해관계에 대하여 북한 젊은 세대의 95.0%가 통일이 남한에 이익이 될 것이라고 생각한 반면, 남한 젊은 세대의 경우 65.3%만이 통일이 남한에 이익이 될 것이라 생각하였다. 남북한 젊은 세대 모두 통일이 남한에 이익이 될 것이라는 점에 대해서는 인정하였으나, 남북의 경제적 격차로 인하여 통일비용에 대한 부담 때문에 남한 젊은 세대의 응답률이 낮게 나타난 것으로 보인다.

다음으로 남한 젊은 세대의 95.9%, 북한 젊은 세대의 99.1%가 통일이 북한에 이익이 될 것이라고 응답하였다. 마지막으로 북한 젊은 세대의 94.2%가 통일이 자신에게 이득이 될 것이라고 응답한 반면, 남한 젊은 세대의 경우 단지 42.4%만이 통일이 자신에게 이익이 될 것이라고 응답하였다. 남한 젊은 세대의 경우 통일이 개인적으로 불이익을 가져올 것이라는 응답이 57.6%로 매우 높게 나타났다.

셋째, 통일 관련 주장들에 대한 남북한 젊은 세대의 의식을 살펴본다. 이는 다시 인도적 대북지원 문제, 남북한 교류협력 확대 문제, 남한 내 미군 철수 문제, 그리고 북한 핵 미사일 개발 포기와 관련된 질문항을 통해 측정된다. 구체적인 질문항은 "남한으로부터의 쌀, 비료, 의약품 등과 같은 인도적 대북지원이 통일에 도움이 된다", "남한이 북한과의 교류협력을 확대하는 것이 통일에 도움이 된다", "남한에서 미국이 철수하는 것이 통일에 도움이 된다", 그리고 "북한이 핵 미사일 개발을 포기하는 것이 통일에 도움이 된다"는 질문항에 대한 동의 여부를 바탕으로 남북한 젊은 세대의 통일의식을 측정한다.

인도적 대북지원이 통일에 도움이 될 것이라는 주장에 대하여 남한 젊은 세대의 경우 52.3%, 북한 젊은 세대의 경우 60.8%가 동의하였다. 남북한 교류협력의 확대가 통일에 도움이 된다는 의견에 대해서는 남북한 젊은 세대 공히 동의하였다. 남한 젊은 세대의 경우 88.4%, 북한 젊은 세대의 경우 82.0%가 이 의견에 동의하였다.

한편, 주한미군 철수가 통일에 도움이 될 것인가의 문제에 대해서는 남한 젊은 세대는 29.3%만이 동의하였고, 북한 젊은 세대의 경우에도 50.6%만이 동의하였다. 마지막으로 북한의 핵 미사일 포기가 통일에 도움이 될 것인가의 문제에 대하여 남한 젊은 세대의 71.4%, 북한 젊은 세대의 68.5%가 동의하였다.

4) 정치적 태도

정치적 태도에 관한 정의는 다양하나, 본 연구에서는 '정치적 관심도', '정치적 효능감', 그리고 '정치적 신뢰감'의 세 가지 수준에서 이해한다.

정치에 대한 관심은 정치적 태도를 구성하는 데 있어 중요한 요소로, 이는 정치 현상에 대한 관심에의 의지로서 투표 참여를 비롯한 다양한 형태의 정치적 참여를 결정하는 요인으로 알려져 있다. 정치적 관심이 많은 사람은 정치적 정보나 지식에의 거부감이 덜할 수밖에 없고, 이에 따라 선거를 비롯한 정치 현상에 대한 관심 또한 높으며, 정치 참여의 가능성도 높아진다는 것이다.

본 연구에서는 "개인적으로 정치에 얼마나 관심이 있습니까?"라는 문항에 대한 대답으로 응답자들의 정치적 관심도를 측정하였다.

정치적 효능감은 개인의 정치적 행위가 정부 정책 또는 선거와 같은 정치 과정에 영향을 미칠 것이라는 감정으로, 민주주의의 원칙 및 운영에 대한 정치적 지지를 획득하기 위하여 중요한 요인이다(Timpone, 1998; 이재철, 2012: 71). 일반적으로 정치적 효능감은 내적 정치효능감(internal political efficacy)과 외적 정치효능감(external political efficacy)으로 구분된다.

내적 정치효능감은 정치에 대해 이해하고 효과적으로 참여할 수 있다는 개인의 능력에 대한 믿음이다. 본 연구에서는 "나 같은 사람들에게는 투표만이 정부가 어떻게 해야 되는지에 대해 말할 수 있는 유일한 방법이다"라는 문항에 대한 대답으로 남북한 젊은 세대의 내적 정치효능감을 측정하였다.

한편, 외적 정치효능감은 정부 혹은 정치체제가 시민의 요구에 어떻게 반응하는가에 대해 주관적으로 느끼는 감정을 의미한다. 본 연구에서는 "우리 같은 사람은 정부가 하는 일에 대해 말할 자격이나 능력이 없다"의 문항에 대한 대답으로 응답자들의 외적 정치효능감을 측정하였다.

정치적 만족도는 민주주의 체제의 안정성(stability)을 담보하는 주요한 요소이다. 정치적 만족도는 사회 구성원들이 다양한 정치체제와 제도에 대한 주관적 인식태도를 의미하기 때문이다. 민주주의의 다양한 제도가 제대로 운영되는 경우 시민들은 높은 정치적 신뢰를 나타내지만, 정치체제나 제도가 제 기능과 역할을 하지 못할 경우 정치적 불신으로 선회할 수 있다.

본 연구에서는 "정치체제에 관하여 민주주의와 독재정치 중 어느 것이 더 낫다고 생각하십니까?"라는 질문항과 "현재 남한의 민주주의가 실행되고 있는 방식에 대해 얼마나 만족하십니까?"라는 질문항에 대한 답변을 통해 남북한 젊은 세대의 정치적 만족도를 측정하였다.

3. 정당선호에 따른 통일의식, 정치적 태도

본 연구에서 분석한 남북한 젊은 세대의 의식조사 결과, 북한 젊은 세대의 경우 선호하는 정당은 새누리당(47.8%), 민주통합당(24.6%), 자유선진당(6.5%), 통합진보당(3.8%)의 순서로 나타나, 북한 젊은 세대의 경우 보수 성향의 정당을 선호하는 경향을 보였다.[2] 이들의 경우 새누리당이 여당이라 탈북 이후 정착 과정에서 정부의 도움을 많이 받았다는 인식에서 새누리당에 대한 선호가 높은 것으로 보인다.

정당선호와 남한 체류기간의 경우 새누리당을 선호하는 응답자는 49.03개월, 민주통합당을 선호하는 응답자는 48.25개월로 나타났으나, 선호 정당과 체류기간과의 평균값 차이는 통계적으로 유의미하지는 않았다(그림 4-2 참조).

반면 남한 젊은 세대의 경우 민주통합당(28.2%), 새누리당(14.4%), 통합진보당(8.9%), 자유선진당(0.8%) 순으로 정당선호 의사를 밝혀서 진보 성향의 정당을 선호하는 경향을 보였다. 남한의 젊은 세대 중 45.5%, 북한의 젊은 세대 중 15.5%가 무당파라고 응답하여 상대적으로 높은 응답비율을 차지하였다.

---

2 민주통합당은 2013년 5월 4일 민주당으로 개명한 후 2014년 안철수 등과의 합당으로 새정치민주연합으로 당명을 다시 바꿨다. 자유선진당은 2012년 새누리당에 흡수되었고, 통합진보당은 2014년 헌법재판소의 판결로 해산되었다. 여기서는 2012년 조사 당시의 당명을 그대로 사용하기로 한다.

전체적으로 보았을 때 응답자 가운데 새누리당을 지지한다는 남북한 젊은 세대는 28.0%, 민주통합당을 지지한다는 젊은 세대는 26.7%, 그리고 통합진보당(6.7%), 자유선진당(3.1%), 기타(2.0%) 순으로 나타났다. 한편, '지지정당 없음'이라고 응답한 젊은 세대는 33.4%로 나타나 응답자 중 가장 높은 비율을 차지하였다.

전체 응답자의 평균 연령은 29.9세였으며, 새누리당을 선호하는 응답자의 평균 연령은 28.4세, 민주통합당을 선호하는 응답자의 평균 연령은 30.4세로 나타나 두 정당을 선호하는 유권자들의 평균 연령에 차이를 보였다. 한편, '지지정당 없음'이라고 응답한 젊은 세대의 평균 연령은 30.5세로 나타났다.

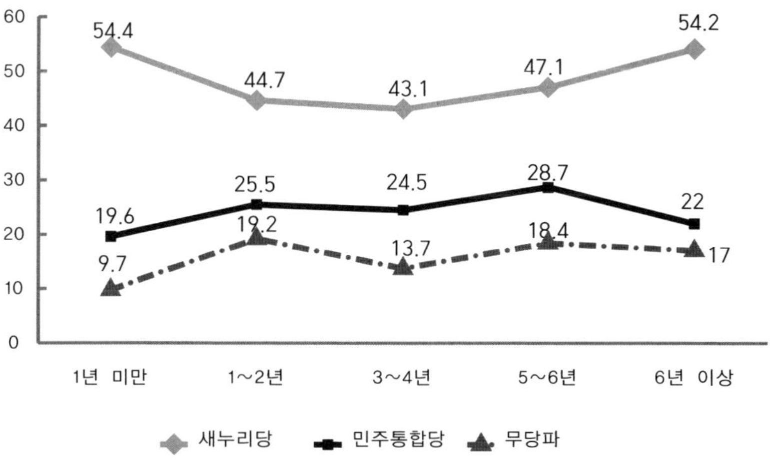

그림 4-2 북한이탈 주민의 남한 체류기간별 정당선호도

1) 정당선호와 통일의식

(1) 정당선호와 통일의 필요성과 당위성

정당선호와 관련하여 남북한 젊은 세대의 통일의식을 비교하기 위하여 통일의 필요성에 관한 교차분석을 실시하였다. 그 결과 <그림 4-3>에서 보는 바와 같이 응답자의 정당선호와 무관하게 북한 젊은 세대의 경우 통일이 필요하다는 견해에 96%를 상회하는 응답을 보였고, 남한의 젊은 세대 역시 통일이 필요하다는 의견이 대부분이었다.

북한 출신으로 새누리당을 선호하는 응답자들은 모두 통일의 필요성에 대하여 동의하였으며, 새누리당을 지지하는 남한의 젊은 세대가 통일의 필요성에 대하여 가장 적게 동의(73.0%)하였다.

그렇다면 남북한 젊은 세대는 어떠한 이유로 통일이 필요하다고 생각할 것인가? 통일이 필요한 이유에 대해서 전체적으로 남한 젊은 세대의 45.3%, 북한 젊은 세대의 33.5%가 "통일 한국이 강대국/선진국이 되기 위하여"라고 응답하였는데, 선호 정당별 통일 이유 또한 전체적인 응답과 별반 차이가 없다.

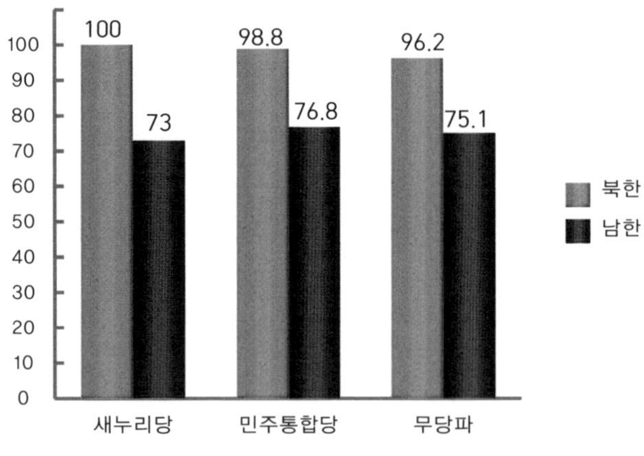

그림 4-3 정당선호와 통일의 필요성

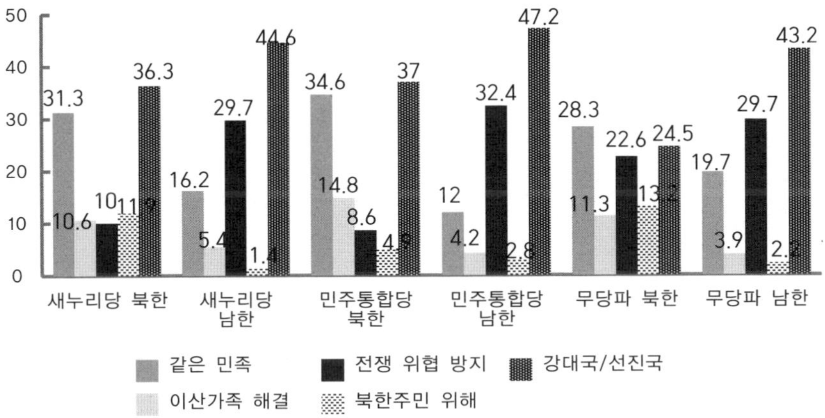

그림 4-4 정당선호와 통일 이유

<그림 4-4>에서 보듯이 새누리당과 민주통합당을 선호하는 남북한 젊은 세대는 한국이 '강대국/선진국'이 되기 위하여 통일이 필요하다는 데 가장 높은 응답을 보였고, 민주통합당을 선호하는 응답자들의 응답이 상대적으로 높게 나타났다. 다만, 북한 젊은 세대 중 무당파 응답자의 경우 '같은 민족'이기 때문이라는 응답이 가장 높게 나타났다. 이는 일반인들을 대상으로 한 설문조사 결과와는 상이한 모습을 보인다.

서울대학교 통일평화연구원의 조사에 따르면, 통일을 해야 하는 이유 가운데 2007년부터 2013년까지 가장 높은 응답을 보인 항목은 '같은 민족이기 때문'으로 나타났다(정은미, 2013).

본 연구에서는 젊은 세대만을 대상으로 설문을 실시하였기 때문에, 젊은 세대의 경우 통일을 당위, 규범, 민족 동질성의 차원보다 실용적이고 도구적 차원에서 바라보고 있다는 사실을 알 수 있다.

한편, <그림 4-5>에서 보듯이 통일이 필요한 이유별로 응답자의 정당선호를 비교해 보면, '같은 민족'이라는 이유와 '이산가족 해결'이라고 응답한 젊은 세대 중에는 민주통합당을 선호하는 북한 젊은 세대의 비율이 가장 높았으며, '전쟁 위협 방지'와 '강대국/선진국이 되기 위하여'라는 응답은 민주통합당 선호 남한 출신 응답자의 비율이 가장 높았다.

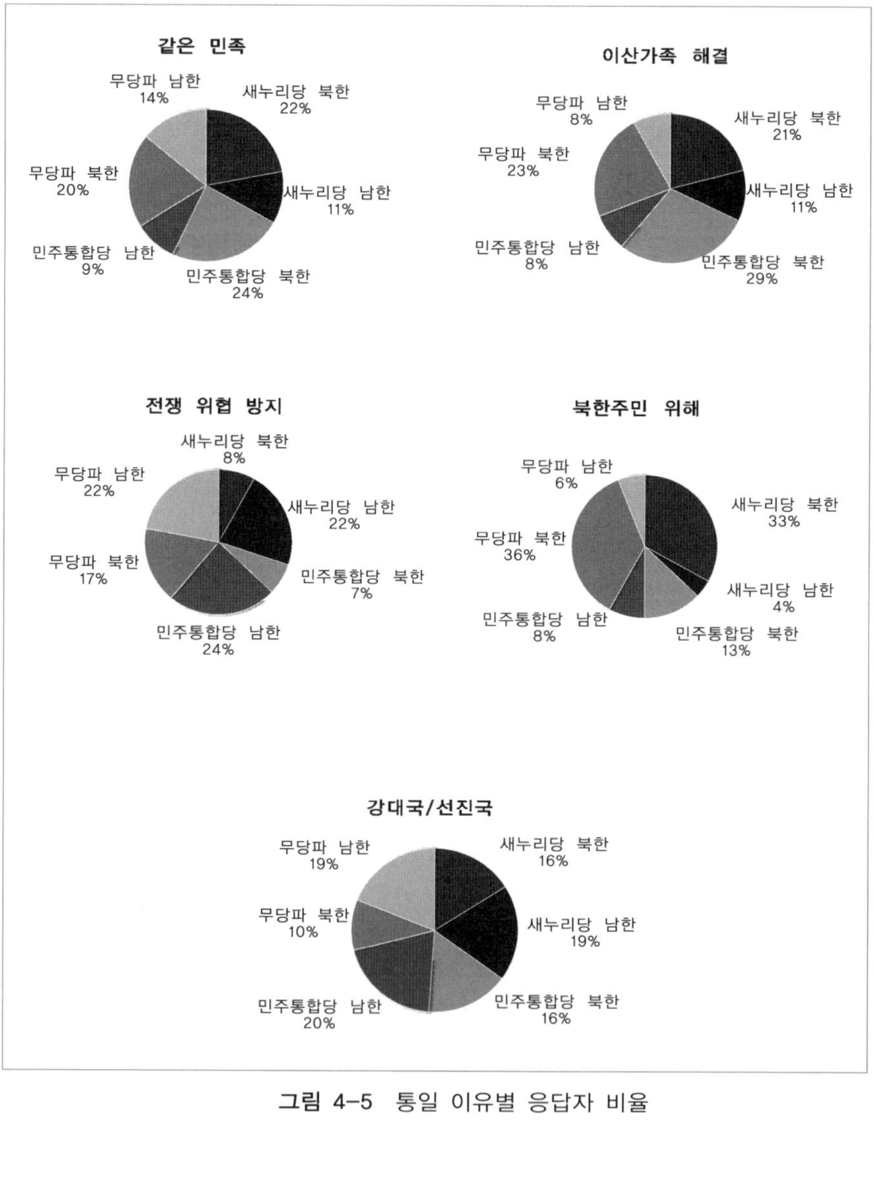

그림 4-5 통일 이유별 응답자 비율

통일이 필요한 이유에 대해 '북한 주민을 위해'라고 응답한 젊은 세대 중에는 북한 출신 무당파 응답자의 비율이 가장 높게 나타났다.

(2) 정당선호와 통일의 이해관계

통일이 남한과 북한, 그리고 개인의 삶에 어떠한 영향을 미칠 것인가의 문제는 통일 정책이나 통일 과정에서 중요한 의미를 지닌다. 왜냐하면 통일이 남북한 양국과 개인의 삶에 이익이 될 것이라는 인식이 존재할 때 원만하고 평화로운 통일이 가능하기 때문이다.

<표 4-2>에서 볼 수 있듯이 정당선호에 따른 통일의 이해관계는 정당별로 큰 차이를 나타내지 않는다. 통일이 남한과 북한 양국에 이익이 될 것이라는 점에 대해서는 새누리당 선호 응답자들의 이익이 될 것이라는 응답이 다소 높게 나타났지만, 정당선호와 무관하게 응답자들이 동의하는 바이다. 그러나 통일이 개인의 삶에 이익이 될 것인가의 문제는 별개이다.

표 4-2 정당선호와 통일의 이해관계

(단위: %)

구분		통일이 남한에 이익	통일이 북한에 이익	통일이 개인에 이익
새누리당	남한	68.9	93.2	44.6
	북한	95.0	99.4	96.3
민주통합당	남한	61.3	94.4	39.4
	북한	96.4	100.0	94.0
무당파	남한	63.8	96.9	40.6
	북한	94.1	98.1	96.2
전체		77.2	97.2	63.2

새누리당과 민주통합당을 선호하는 남한 젊은 세대의 경우 통일이 개인의 삶에 이익이 되지 않을 것이라는 응답이 이익이 될 것이라는 응답보다 높게 나타났고, 민주통합당 선호 응답자의 경우 통일이 개인의 삶에 이익이 되지 않을 것이라는 응답이 새누리당 선호 응답자의 경우보다 상대적으로 높게 나타났다.

무당파 응답자의 경우 통일이 남한에 이익이 될 것이라는 응답이 69.3%로 가장 낮게 나타났고, 통일이 개인에 이익이 될 것이라는 응답도 51.1%에 그쳤다.

통일이 남북한 양국이라는 집합적 차원에서는 이익이 될 수 있으나 개인적 이익에는 별 도움이 되지 않을 것이라는 인식은, 한편으로는 통일에 대한 개인적 유인책이 미약하다는 점을 시사한다. 또한 통일 및 대북정책에 대한 국가와 사회, 개인 사이의 인식의 차이로 인하여 통일 과정에서 갈등이 수반될 수 있음을 뜻한다(정은미, 2013).

통일은 남한의 주민들에게 일면 부담으로 작용하는 것은 사실이지만, 통일 이후 국가적·개인적 차원에서 막대한 편익을 가져올 수 있다는 것 또한 사실이다. 통일비용은 '한시적'이지만, 통일은 분단비용의 즉각적 소멸을 가져오기 때문에 이익을 창출할 수 있고, 통일편익은 '영구적'으로 창출될 수 있다는 사실을 입증하기 위한 노력이 수반되어야 할 것이다.

(3) 정당선호와 통일정책에 대한 인식

정당선호에 따른 통일 관련 주장에 대한 동의 여부는 인도적 지원 강화, 교류협력 강화, 주한미군 철수, 북한 핵 포기의 네 가지로 나누어서 분석하였다.

<표 4-3>과 <그림 4-6>에서 보는 바와 같이, 전체적으로 응답자들은 인도적 지원을 강화하고, 남북 교류협력을 강화하며, 주한미군은 철

수하지 말아야 하고, 북한이 핵을 포기해야 통일 과정에 도움이 될 것이라고 판단하였다.

표 4-3 정당선호와 통일 관련 주장에 대한 동의 여부

(단위: %)

구분		인도적 지원 강화	교류협력 강화	주한미군 철수	북한 핵 포기
새누리당	남한	37.8	77.0	24.3	79.7
	북한	52.1	81.6	37.4	73.6
민주통합당	남한	57.7	90.1	27.5	76.1
	북한	75.0	88.1	64.6	57.1
무당파	남한	46.7	89.1	26.2	72.5
	북한	71.7	79.2	60.4	67.9
전체		55.5	85.7	37.9	71.8

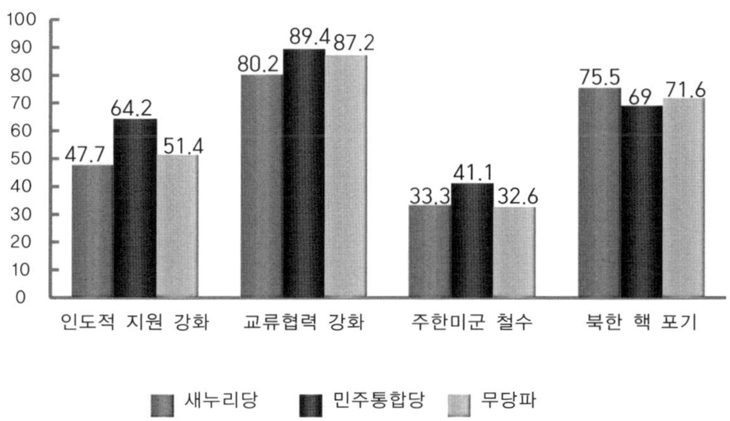

그림 4-6 정당선호와 통일 관련 주장들에 대한 입장

구체적으로 정당선호에 따른 동의 여부를 살펴보면, 인도적 대북지원과 남북 교류협력 강화, 그리고 주한미군 철수가 통일 과정에 도움이 될 것이라는 의견에 대해서는 민주통합당 지지자들의 동의가 더 높게 나타났고, 북한의 핵 미사일 포기가 통일에 도움이 될 것이라는 의견은 새누리당 지지자들에게서 더 높은 응답률을 보였다.

무당파 응답자의 경우 '주한미군 철수'가 통일에 도움이 될 것이라는 데 대하여 주요 정당 선호 응답자보다 낮은 응답률을 보였다.

2) 정당선호와 정치적 태도

여기서는 남북한 젊은 세대의 정당선호와 정치적 태도와의 상관성에 대하여 분석한다. 정치적 태도는 정치적 관심도, 정치적 효능감, 그리고 정치적 만족도의 세 가지 차원으로 분류하여 분석한다.

(1) 정당선호와 정치적 관심도

북한 젊은 세대 중 71.9%, 그리고 남한 젊은 세대 중 65.9%는 정치적 관심이 있는 것("매우 관심이 있다" 혹은 "다소 관심이 있다")으로 조사되었다. 특히 북한 젊은 세대의 경우 정치에 대해 "매우 관심이 있다"는 응답률이 27.8%로 나타난 남한 젊은 세대보다 12.3% 높은 비율을 보였다. 그러나 카이제곱(chi-square) 검정 결과, 두 집단 사이에 평균값의 차이가 있음에도 불구하고 통계적으로 유의미한 차이는 없었다.

<표 4-4>에서 보는 바와 같이, 남북한 젊은 세대는 전체적으로 응답자의 67.1%가 정치적 관심이 있다고 응답하였다. 정당선호별 차이를 살펴보면, 새누리당과 민주통합당 선호 응답자 중 북한 젊은 세대의 정치적 관심도가 남한 젊은 세대보다 높게 나타났다.

표 4-4 정당선호와 정치적 관심도

(단위: %)

구분	새누리당		민주통합당		무당파		전체
	남한	북한	남한	북한	남한	북한	
정치적 관심도	66.2	79.1	77.5	78.6	53.7	43.4	67.1

민주통합당과 새누리당을 선호하는 응답자들을 비교한 결과, 민주통합당 선호 응답자의 정치적 관심도가 상대적으로 높게 나타났다. 그러나 선호 정당별 정치적 관심도의 차이는 통계적으로 유의미하지 않았다.

한편, 선호 정당이 없는 무당파 응답자의 경우 51.8%만이 정치적 관이 있었으며, 특히 북한 젊은 세대의 경우(43.4%) 가장 낮은 정치적 관심을 보였다.

(2) 정당선호와 정치적 효능감

정치적 효능감은 개인의 정치적 행위가 정부의 정책 또는 정치 과정에 중요한 영향을 미칠 것이라는 감정적 상태를 뜻하는 것으로, 민주주의의 원칙 및 운영에 대한 정치적 지지를 확보하기 위하여 중요한 요소로 알려져 있다.

전체적으로 보았을 때 응답자 중 70.3%는 내적 정치효능감을, 86.1%는 외적 정치효능감을 갖는 것으로 조사되었다. 보다 구체적으로 남북한 젊은 세대를 구분해서 보면, 남한과 북한 젊은 세대 모두 내적 정치효능감(남한 71.5%, 북한 68.6%)보다는 외적 정치효능감(남한 90.6 %, 북한 79.3%)이 높게 나타났다. 또한 전반적으로 남한 젊은 세대의 정치적 효능감이 북한 젊은 세대의 그것보다 높은 것으로 분석되었다.

그렇다면 정당선호에 따른 정치적 효능감은 어떠할까?

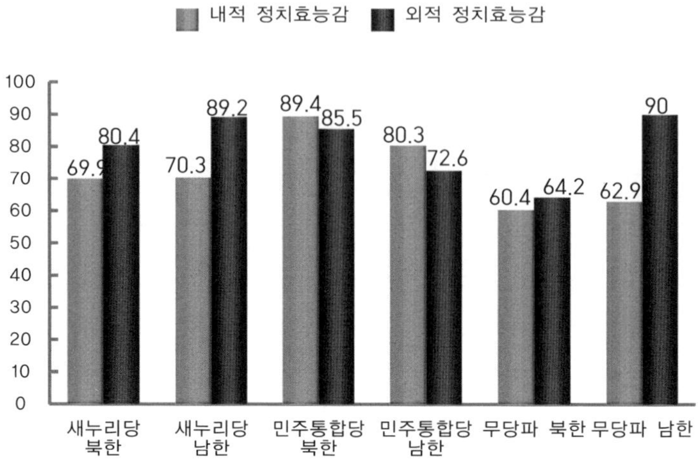

그림 4-7 정당선호와 정치적 효능감

<그림 4-7>에서 나타나는 바와 같이 선호 정당 유무에 따른 정치적 효능감의 차이는 크지 않았고, 통계적으로도 유의미한 수준이 아닌 것으로 분석되었다. 평균적으로 내적 정치효능감에서는 민주통합당 선호 응답자가 새누리당 선호 응답자보다 높게 나타났다.

한편, 외적 정치효능감에서도 민주통합당 선호 응답자가 새누리당 선호 응답자의 그것보다 낮게 나타났으나, 역시 통계적으로 유의미하지는 않았다. 무당파 응답자의 경우 정치적 효능감은 선호 정당이 있는 응답자에 비하여 낮게 나타났다.

정치적 효능감은 정치적 관심도와 함께 유권자의 투표 참여에 중요한 요소로 알려져 있다. 북한의 경우 아직 민주주의 제도와 투표의 효용성에 대하여 익숙하지 못해 남북한 응답자 사이에 차이가 발생한 것으로 보인다.

(3) 정당선호와 민주주의 만족도

정치체제에 대한 구성원들의 만족도는 그 체제를 유지하고 항상성을 갖기 위한 조건이다. 또한 민주주의에 대한 지지(public support for democracy)는 민주주의 공고화(consolidation)의 중요한 요소이기도 하다. 기존 연구에 따르면, 민주주의 가치, 규범 등에 대한 일반 시민들의 광범위한 지지는 민주주의 체제를 유지하고 공고화하는 데 있어 필수적인 요소로 알려져 있다.

북한이탈 주민들의 경우 사회주의 체제에 대한 불만족과 경제적 궁핍이 남한으로의 이주에 가장 중요한 요인으로 알려져 있다. 전체 응답자 가운데 76.4%가 민주주의 정부가 항상 더 낫다는 의견을 보였다. 구체적으로 북한 젊은 세대의 76.2%가 "다른 어떤 정부 형태보다 민주 정부가 항상 더 낫다"라는 의견을 표시했으며, 남한 젊은 세대의 76.7% 역시 이와 같은 선택을 하였다.

한편, <표 4-5>에서 보는 바와 같이 "상황에 따라서 독재정치가 더 낫다"라는 응답은 남한 젊은 세대가 18.2%, 북한 젊은 세대가 12.8% 응답하여, 상대적으로 남한 젊은 세대의 응답이 높게 나타났다. 정당선호와 관련하여 거의 대부분의 응답자가 민주주의가 항상 낫다는 의견을 보였으나, 민주통합당 선호 응답자 중 85.5%가 "민주주의가 항상 더 낫다"라고 응답하여 새누리당 선호 응답자(78.4%)보다 높은 비율을 차지하였다.

특히 새누리당을 지지한다는 응답자 중 남한 젊은 세대보다 북한 젊은 세대가 민주주의에 대한 지지가 높았으나, 민주통합당을 지지한다는 응답자의 경우 남한의 젊은 세대가 민주주의에 대한 지지가 더 높게 나타났다. 새누리당을 선호하는 응답자 중 15.9%는 "상황에 따라서 독재정치가 더 낫다"고 응답하였다.

표 4-5 정당선호와 정치체제 선호도

(단위: %)

구분		민주주의가 항상 더 낫다	상황에 따라서 독재정치가 더 낫다	상관없다
새누리당	남한	73.0	24.3	2.7
	북한	81.0	12.0	7.0
민주통합당	남한	86.6	12.0	1.4
	북한	83.5	11.4	5.1
무당파	남한	69.9	21.8	8.3
	북한	63.3	12.2	24.5
전체		76.4	16.1	7.5

선호 정당이 없다고 응답한 무당파의 경우 응답자의 11.2%가 "상관없다"라고 응답하였으며, 무당파인 북한 젊은 세대의 경우 24.5%나 되는 응답자가 "상관없다"라고 응답하였다. 선호 정당별로 민주주의 체제에 대한 옹호도 차이는 통계적으로 유의미하게 나타났다.

민주주의 체제에 대한 만족도를 알아보기 위하여 "현재 남한의 민주주의가 실행되고 있는 방식에 대해 얼마나 만족하십니까?"라고 질문하였다. 전체적으로 응답자 중 39.4%가 현행 남한 민주주의에 대해 만족한다고 응답하였고, 60.6%의 응답자는 만족하지 못한다고 응답하였다.

이를 다시 남북한 출신별로 구분하면, 북한 젊은 세대의 경우 51.1%가 현행 남한의 민주주의에 대해 만족한다고 응답하였으나, 남한 젊은 세대의 경우 31.9%만이 만족한다고 응답하여, 남북한 젊은 세대의 현행 민주주의에 대한 만족도의 차이가 크게 나타났다. 이러한 차이는 카이제곱 검증 결과 통계적으로 유의미하게 나타났다.

정당선호별로 다시 나누어서 분석해 보면, 새누리당을 선호하는 전체 응답자의 경우 56.3%, 민주통합당을 선호하는 응답자의 경우 32.6%, 기타 정당을 선호하는 응답자의 경우 27.5%가 현행 대한민국 민주주의에 대한 만족도를 보였다.

한편, <그림 4-8>에서 보는 바와 같이 새누리당 선호 응답자의 경우에만 남한 젊은 세대의 현행 민주주의에 대한 만족도가 높게 나타났고, 민주통합당과 선호 정당이 없는 응답자의 경우 남한 젊은 세대의 현행 민주주의에 대한 만족도는 매우 낮게 나타났다. 민주통합당을 선호하는 응답자의 경우 남한 젊은 세대는 24.6%, 북한 젊은 세대는 47.4%의 만족도를 보였다.

무당파라고 응답한 젊은 세대의 경우, 북한의 젊은 세대가 현행 민주주의에 대해 50.0% 만족한 반면, 남한 젊은 세대는 32.3%만이 만족하였다. 결국 선호 정당에 따라 민주주의가 항상 더 나은지의 여부와 현재 남한의 민주주의 방식에 대한 만족도의 차이가 나타났다.

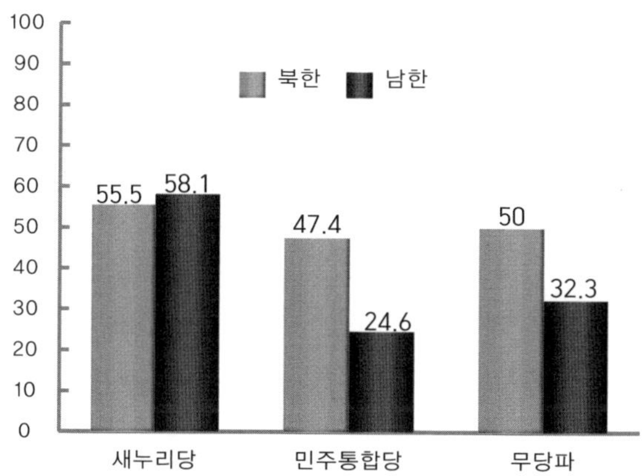

그림 4-8 정당선호와 민주주의 만족도

4. 이념성향에 따른 통일의식, 정치적 태도

남북한 젊은 세대 의식조사에서 응답자의 이념성향을 측정하기 위하여 0~10점까지의 11점 척도를 사용하여 분석한 결과, 이념성향을 진보·중도·보수로 구분할 경우 '중도'라는 응답비율이 가장 높게 나타났다. 전체 응답자 중 57.1%가 자신의 이념성향을 '중도'라고 답했고, 26.2%는 '진보'라고 답했으며, '보수'라는 응답은 16.8%로 가장 낮았다.

남북한 젊은 세대의 이념성향의 평균값은 남한의 경우 4.4, 북한의 경우 5.1로 나타났으나, 평균값의 차이가 통계적으로 유의미한 것은 아니었다. 좀 더 구체적으로, 남한 젊은 세대의 경우 57.7%가 중도, 30.2%가 진보, 12.1%만이 보수라고 응답하였다. 북한 젊은 세대의 경우 56.1%가 중도, 26.2%가 진보, 16.8%가 보수라고 응답하였다.

한편, <그림 4-9>에서 보는 바와 같이, 북한 출신 젊은 세대의 경우 남한 체류기간과 무관하게 보수적인 이념성향을 가진 사람이 가장 많았다.

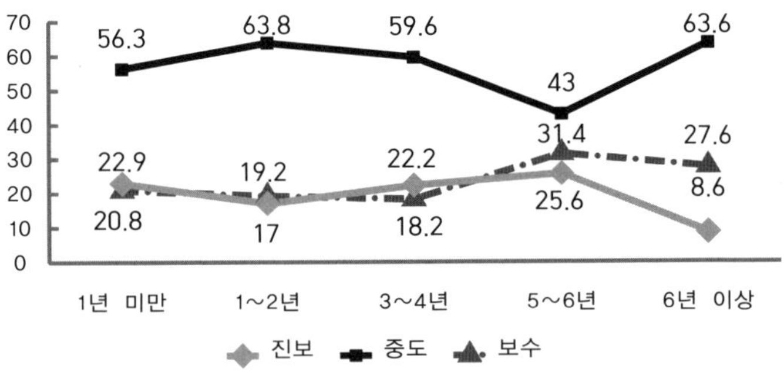

그림 4-9 체류기간별 이념성향(북한 출신)

1) 이념성향과 통일의식

(1) 이념성향에 따른 통일의 필요성과 당위성

이념성향과 관련하여 남북한 젊은 세대의 통일의식 비교를 위해 통일의 필요성에 관한 교차분석을 실시한 결과, 이념성향을 진보라고 응답한 사람 중 87.6%, 중도라고 응답한 사람 중 83.3%, 그리고 보수라고 응답한 사람 중 88.7%가 통일이 필요하다고 응답하여 보수적인 응답자들이 통일의 필요성에 대해 가장 높은 비율을 차지하였다.

<그림 4-10>에서 보는 바와 같이, 이념성향을 진보라고 응답한 북한 젊은 세대는 100.0%, 남한 젊은 세대는 82.2%가 통일이 필요하다고 응답하였다.

한편, 이념성향을 보수라고 응답한 북한 젊은 세대 역시 100.0%, 남한 젊은 세대는 73.8%만이 통일의 필요성에 대하여 인식하고 있었다. 이념성향이 보수라고 응답한 사람 중 남한 젊은 세대의 통일 필요성에 대한 인식이 가장 낮게 나타났다.

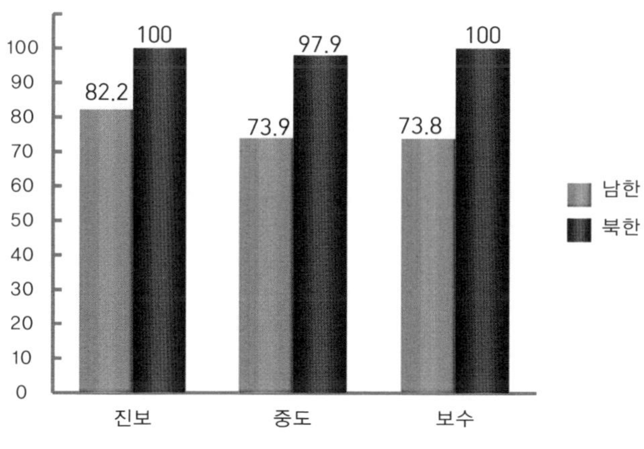

그림 4-10 이념성향과 통일의 필요성

통일이 필요한 이유에 대하여 응답자의 이념성향에 따른 차이는 보이지 않았다. 자신의 이념성향이 보수 혹은 중도라고 밝힌 응답자의 경우 '강대국/선진국이 되기 위하여', '같은 민족이니까', '전쟁 위협 방지를 위하여'라는 순으로 높은 응답률을 보였다. 반면 자신의 이념성향을 진보라고 밝힌 응답자의 경우 '강대국/선진국이 되기 위하여'가 가장 높은 응답을 보였고, 그 다음으로 '전쟁 위협 방지를 위하여'라는 응답률이 높게 나타났다.

<그림 4-11>에서 보는 바와 같이, 진보적 이념성향을 지닌 남한 젊은 응답자의 경우 '강대국/선진국이 되기 위하여'라는 응답이 51.3%나 되었고, 중도적 이념성향의 북한 젊은 세대의 경우 '같은 민족이니까'라는 응답이 가장 높게 나왔다.

남한 젊은 세대의 경우 보수적 이념성향과 진보적 이념성향의 젊은 세대는 '전쟁 위협 방지를 위하여'라는 응답이 '강대국/선진국이 되기 위하여'라는 응답의 뒤를 이었다. 특히 남한 젊은 보수적 이념성향의 응답자의 경우 '전쟁 위협 방지를 위하여'라는 응답이 34.4%나 되었다.

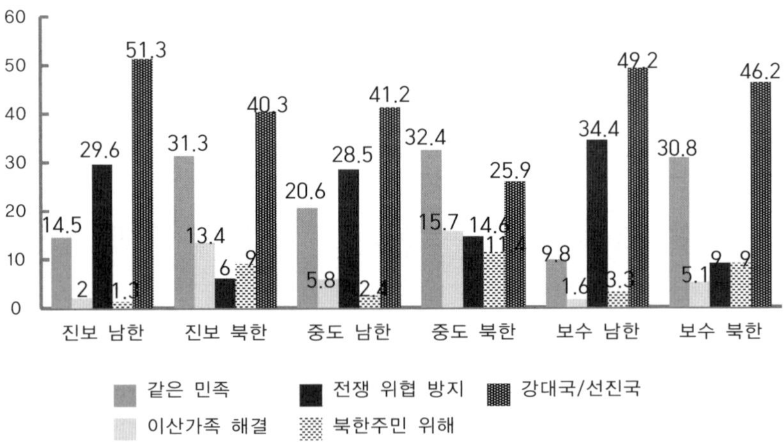

그림 4-11 이념성향과 통일 이유

(2) 이념성향과 통일의 이해관계

통일에 따른 이해관계를 분석한 결과, 통일이 북한에 이익이 될 것이라는 응답(97.2%)이 가장 높았고, 남한에 이익이 될 것이라는 응답(77.2%), 그리고 통일이 개인에 이익이 될 것이라는 응답(63.2%)이 그 뒤를 이었다.

<표 4-6>을 통해 구체적으로 살펴보면, 통일이 남한에 이익이 될 것이라는 응답은 보수적 이념성향을 가진 응답자(87.9%)에게서 가장 높게 나타났으며, 통일이 북한에 이익이 될 것이라는 응답은 진보적 이념을 가진 응답자(98.2%)에게서 가장 높게 나타났다.

한편, 통일이 개인에 이익이 될 것이라는 응답은 남북한 양국에 이익이 될 것이라는 응답보다는 낮게 나타났지만, 보수적 이념성향을 가진 젊은 세대(75.9%)에서 가장 높게 나타났다. 통일이 남북한 양국이라는 집합적 차원에서는 이익이 될 수 있으나, 개인적 이익에는 별로 도움이 되지 않을 것이라는 인식은 상대적으로 낮게 나타났다.

표 4-6 이념성향과 통일의 이해관계

(단위: %)

구분		통일이 남한에 이익	통일이 북한에 이익	통일이 개인에 이익
진보	남한	69.7	97.4	45.4
	북한	92.5	100.0	94.0
중도	남한	61.2	95.5	38.8
	북한	94.6	98.9	93.6
보수	남한	73.8	93.4	50.8
	북한	98.8	98.8	95.0
전체		77.2	97.2	63.2

(3) 이념성향과 통일정책에 대한 인식

이념성향에 따른 통일 관련 주장에 대한 동의 여부는 인도적 지원 강화, 교류협력 강화, 주한미군 철수, 북한 핵 포기 네 가지로 나누어서 분석하였다.

분석 결과, <표 4-7>에 나타난 바와 같이 진보적 이념성향을 가진 응답자들이 '인도적 지원 강화'(65.5%)와 '교류협력 강화'(94.5%), 그리고 '주한미군 철수'(42.9%)에 관련된 통일정책에 대하여 동의하는 정도가 가장 높게 나타났다.

한국의 이념성향을 좌우하는 변수 중 가장 중요한 것이 대북정책과 주한미군에 관한 문제인데, 이번 젊은 세대를 대상으로 한 의식조사 결과에서도 그러한 점들이 입증되었다.

표 4-7 이념성향과 통일 관련 주장에 대한 동의 여부

(단위: %)

구분		인도적 지원 강화	교류협력 강화	주한미군 철수	북한 핵 포기
진보	남한	63.8	95.4	32.2	73.0
	북한	69.1	92.6	67.2	61.8
중도	남한	50.2	87.6	28.9	73.5
	북한	63.5	82.0	51.6	72.9
보수	남한	31.1	73.8	24.6	78.7
	북한	46.3	72.5	35.0	63.8
전체		55.5	85.7	37.9	71.8

한편, 통일을 위해 북한이 핵 미사일을 포기해야 한다는 의견에는 중도라고 이념성향을 밝힌 응답자들의 응답률(73.3%)이 가장 높게 나타났다. 특이한 점은 보수적 이념성향을 가진 남북한 젊은 세대는 북한에 대한 인도적 지원 강화에 대하여 극히 부정적인 의사를 표명했다는 것이다. 반면 통일을 위해 주한미군이 철수해야 한다는 의견에 대해서는 역시 부정적인 의사를 표명하여, 보수적 이념성향을 가진 응답자들은 통일을 위해 주한미군의 주둔을 희망하였다.

2) 이념성향과 정치적 태도

여기에서는 남북한 젊은 세대의 이념성향에 따른 정치적 태도와의 연관성에 대하여 분석할 것이다. 앞선 정당선호도와 마찬가지로 정치적 태도에 대한 분석은 정치적 관심도, 정치적 효능감, 그리고 민주주의 만족도의 세 가지 차원에서 진행된다.

(1) 이념성향과 정치적 관심도

이념성향에 따른 정치적 관심도는 <표 4-8>에서 보는 바와 같이 전체 응답자의 68.3%가 정치적 관심이 있다고 응답한 가운데, 보수적 이념성향을 가진 응답자 중 78.7%가 정치적 관심이 있는 것으로 밝혀졌다.

표 4-8 이념성향과 정치적 관심도

(단위: %)

구분	진보		중도		보수		전체
	남한	북한	남한	북한	남한	북한	
정치적 관심도	77.6	69.1	58.1	68.4	73.8	82.5	68.3

다음으로 진보적 이념성향을 가진 응답자들이 75.0%의 정치적 관심도를 보였고, 중도적 이념성향을 가진 응답자들의 정치적 관심도(62.1%)가 가장 낮게 나타났다.

보다 구체적으로는 보수적 이념성향을 가진 북한 젊은 세대가 가장 높은 정치적 관심도(82.5%)를 보였으며, 중도적 이념성향을 가진 남한 젊은 세대가 가장 낮은 정치적 관심도(58.1%)를 보였다.

진보적 이념성향의 경우 남한 젊은 세대의 정치적 관심도가 더 높았고, 중도와 보수적 이념성향을 가진 응답자의 경우 북한 젊은 세대의 관심도가 남한 젊은 세대의 그것보다 높게 나타났다. 그러나 이념성향에 따른 정치적 관심도의 차이는 통계적으로 유의미하지 않았다.

(2) 이념성향과 정치적 효능감

이념성향에 따른 정치적 효능감을 살펴본 결과, <그림 4-12>에서 보는 바와 같이 전체적으로 응답자들은 이념성향과 남북한 여부와 무관하게 내적 효능감보다는 외적 효능감이 더 높게 나타났다.

내적 효능감은 진보적 이념성향을 지닌 응답자들이 가장 높았고(74.1%), 외적 효능감의 경우에도 진보적 이념성향을 지닌 응답자들이 가장 높게 나타났다(90.9%).

내적 효능감의 경우 진보(74.1%), 보수(72.3%), 중도(68.3%)의 순으로 나타났고, 외적 효능감의 경우에는 진보(90.9%), 중도(85.4%), 보수(81.6%)의 순서를 나타냈다. 이념성향에 따른 정치적 효능감의 차이가 통계적으로 유의미하지는 않았다.

정치적 효능감의 보유 여부가 투표행위를 결정짓는 주요 요소라고 보았을 때, 이념성향이 진보인 응답자들이 보수인 응답자들에 비하여 상대적으로 높은 정치 참여율을 보일 것이라 예측할 수 있다.

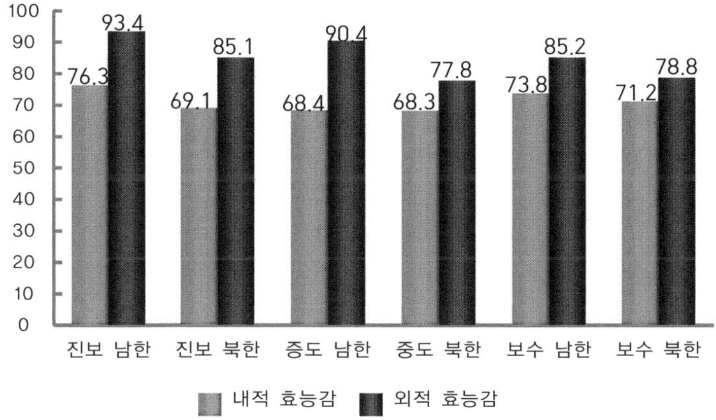

그림 4-12 이념성향과 정치적 효능감

(3) 이념성향과 민주주의 만족도

이념성향에 따른 정치체제 선호도는 전체적으로 76.4%의 응답자가 "민주주의가 항상 낫다"라는 대답을 하였다.

구체적으로, <표 4-9>에서 보는 것처럼 진보적인 응답자일수록 "민주주의가 항상 낫다"라는 의견에 동의하는 정도가 높게 나타났다. 진보적 이념성향을 가진 응답자의 경우 82.6%가, 중도적 이념성향을 가진 응답자의 경우 76.1%가 "민주주의가 항상 낫다"는 의견에 동의하였고, 보수적 이념성향을 가진 응답자 중 67.6%만이 "민주주의가 항상 낫다"고 응답하였다.

반면 "상황에 따라 독재정치가 더 낫다"라는 응답은 보수적 이념성향(27.3%)에서 가장 높게 나타났고, 진보적 이념성향의 응답자에게서 12.4%로 가장 낮게 나타났다.

한편, "민주 정부나 독재 정부나 상관없다"는 의견은 중도적 이념성향을 가진 응답자에게서 가장 높은 응답을 보였다.

표 4-9 이념성향과 정치체제 선호도

(단위: %)

구분		민주주의가 항상 더 낫다	상황에 따라서 독재정치가 더 낫다	민주 정부나 독재 정부나 상관없다
진보	남한	82.9	15.1	2.0
	북한	81.8	6.1	12.1
중도	남한	75.9	16.8	7.2
	북한	76.3	10.7	13.0
보수	남한	63.9	32.8	3.3
	북한	70.5	23.1	6.4
전체		76.4	16.1	7.5

한편, "현재 남한의 민주주의가 실행되고 있는 방식에 대해 얼마나 만족하십니까?"라는 질문을 통해 민주주의 체제에 대한 만족도를 알아본 결과, 이념성향에 따라 현행 한국 민주주의에 대한 만족도가 다르게 나타났다. 전체적으로 보수적 이념성향의 응답자 중 53.1%, 중도적 이념성향의 응답자 중 41.6%, 그리고 진보적 이념성향의 응답자 중 26.0%만이 현행 한국 민주주의 체제에 대해 만족하였다. 이념성향에 따른 현행 한국 민주주의 체제에 대한 만족도의 차이는 통계적으로 유의미한 차이를 보였다.

구체적으로 <그림 4-13>에서 보는 바와 같이, 보수적 이념성향 응답자의 경우 남북한 젊은 세대 공히 50%를 상회하는 민주주의 만족도를 보이고 있다. 중도적 이념성향 응답자의 경우 북한 젊은 세대는 51.1%의 상대적으로 높은 만족도를 보이고 있음에 반하여, 남한 젊은 세대는 35.7%의 만족도를 보이고 있다.

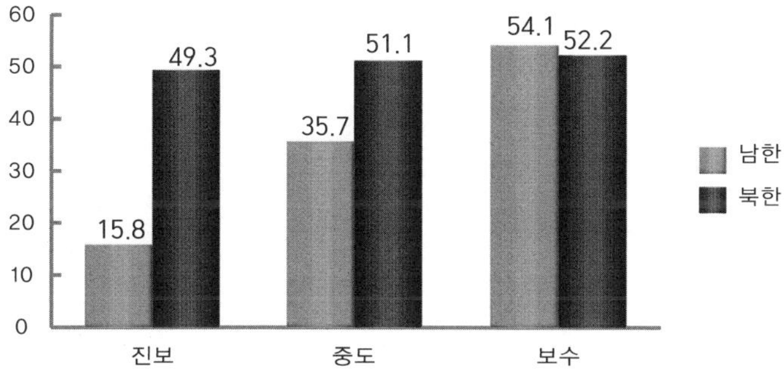

그림 4-13 이념성향과 민주주의 만족도

마지막으로 진보적 이념성향 응답자 중 남한의 젊은 세대는 15.8%만이 현행 한국 민주주의 체제에 대해 만족하는 것으로 나타났다. 이것은 현 정부가 보수적인 성향을 띠고 있기 때문에 진보적 이념성향 응답자의 만족도가 상대적으로 낮게 나타난 현상으로 이해할 수 있다.

5. 나가며

이 연구에서는 남북한 젊은 세대의 통일의식 조사 결과를 바탕으로 남한과 북한 젊은 세대의 정치적 태도를 분석하였다.

정치체제 전반에 대한 젊은 세대의 정치적 태도 양상을 분석하는 작업은 국가의 미래를 준비하는 데 있어서 중요한 작업이다. 특히 한국과 같은 분단국가의 현실 속에서 남북한 젊은 세대의 정치이념과 정당선호에 따른 통일의식의 차이, 그리고 정치적 태도의 차이를 분석하는 것은 향후 통일시대를 대비한다는 점에서 큰 의미를 갖는다. 사회 구성원의 정치적 태도와 의식은 그 사회 전반의 정치문화를 분석하는 틀을 제공하고, 젊은 세대의 통일의식과 정치의식은 통일 과정에서 발생할 수 있는 사회·경제적 혼란과 가치관의 혼재를 미리 준비하고 대비할 수 있기 때문이다.

정당선호와 관련하여 남북한 젊은 세대의 통일의식을 비교해 본 결과, 정당선호와 무관하게 남북한 젊은 세대는 통일의 필요성에 대하여 대부분 동의하였다. 통일이 되어야 하는 이유에 대하여 젊은 세대는 '강대국/선진국이 되기 위하여'라고 응답한 비율이 가장 높았으며, 그 다음으로 '같은 민족'이기 때문이라는 응답 비율이 높게 나타났다. 기존 연구와 비교할 때 젊은 세대의 경우 통일이 필요한 이유로 보다 실용적이고 도구적인 차원을 강조한 것으로 보인다.

남북한 젊은 세대는 통일이 되면 북한에 이익이 될 것이라는 데 97% 이상이 동의하였고, 개인적인 이익을 도모할 수 있다는 의견에는 63.2%만이 동의하였다. 이는 통일에 대한 개인적 유인책이 미약하다는 것을 의미하고, 향후 통일 과정에서 통일교육의 필요성을 입증하는 내용이라 할 수 있다.

남북한 젊은 세대의 통일의식에 관한 분석에서 정당선호에 따라 가장 큰 차이를 보인 사항은 통일 관련 주장에 관한 내용이다. 새누리당을 선호하는 젊은 세대의 경우 인도적 지원 강화보다는 북한 핵의 선제 포기를 강조하였고, 민주통합당을 선호하는 젊은 세대의 경우 인도적 지원 강화와 교류협력 강화를 지지하였다.

한편, 남북한 젊은 세대의 정당선호에 따른 정치적 관심도는 유의미한 차이를 보이지 않았으며, 정치적 효능감에서도 정당선호에 따른 차별성은 보이지 않았다. 다만, 북한 젊은 세대에 비하여 남한 젊은 세대의 정치적 효능감이 좀 더 큰 것으로 밝혀졌다.

남북한 젊은 세대는 독재정치보다 민주주의가 항상 낫다는 점에 전반적으로 동의하였으나, 현행 남한의 민주주의 실행 방식에 대한 만족도는 남북한 젊은 세대 사이에 다르게 나타났다. 북한 젊은 세대의 경우 현행 남한의 민주주의 실행 방식에 대한 만족도가 과반을 상회하였으나, 남한 젊은 세대의 경우 현행 민주주의 실행 방식에 대하여 31.9%만이 만족하였다. 이 가운데에서도 현재 집권당인 새누리당을 지지하는 응답자의 정치적 만족도는 높은 반면, 민주통합당을 선호하거나 선호정당이 없는 젊은 세대의 경우 현행 민주주의에 대한 만족도는 낮게 나타났다.

이념성향에 따른 통일의식과 정치적 태도를 비교 분석한 결과, 전체 응답자 중 57.1%가 자신의 이념성향을 중도라고 답하여 가장 높은 비중을 보였다. 다음으로 응답자 자신의 이념성향이 진보라고 응답한 비율이 높았으며, 보수라는 응답이 상대적으로 가장 낮게 나타났다.

이념성향에 따른 통일의 필요성에 대한 동의 여부를 분석한 결과, 남북한 젊은 세대의 경우 자신의 이념성향과 무관하게 통일의 필요성에 대해 80% 이상이 동의하였다. 또한 이념성향과 무관하게 통일이 필요한 이유로 '강대국/선진국이 되기 위하여'라는 응답률이 가장 높게 나타났다.

남북한 젊은 세대는 이념성향이 진보이건 보수이건 통일은 북한에 가장 큰 이익이 될 것이고, 그다음으로 남한에 이익이 될 것이며, 개인적으로 이익이 될 것이라는 응답은 가장 적게 나타났다. 통일이 남한에 이익이 될 것이라는 응답과 개인적으로도 이익이 될 것이라는 응답은 보수적 이념성향을 가진 응답자에게서 가장 높게 나타났으며, 북한에 이익이 될 것이라는 응답은 진보적 이념성향의 응답자에게서 가장 많이 나왔다.

진보적 이념성향을 가진 젊은 세대는 인도적 지원과 교류협력을 강화하는 것이 통일에 도움이 될 것이라 판단하였고, 북한 핵의 선제 포기가 통일에 도움이 될 것이라는 응답은 중도 이념성향의 응답자들이 가장 많이 동의하였다.

응답자의 이념성향에 따른 정치적 관심도는 보수, 진보, 중도 순으로 나타났다. 중도와 보수적 이념성향의 북한 젊은 세대가 남한의 젊은 세대보다 정치적 관심도가 높게 나타났으며, 진보적 이념성향의 경우 남한 젊은 세대의 정치적 관심도가 북한 젊은 세대보다 높게 나타났다.

이념성향에 따른 정치적 효능감을 살펴본 결과, 진보적 이념성향의 젊은 세대의 효능감 정도가 보수나 중도보다 높은 것으로 밝혀졌다. 민주주의 체제에 대한 만족도는 진보, 중도, 보수의 순으로 응답률이 높게 나왔으며, 보수적 이념성향의 젊은 세대일수록 상황에 따라 독재정치가 더 나을 수 있다는 응답률이 높게 나왔다. 현행 남한의 민주주의 실행 방식에 대한 만족도는 보수, 중도, 진보의 순으로 밝혀졌다.

〔한정택〕

제5장

물질주의 대 탈물질주의 의식의 비교

1. 들어가며

역사적으로 장구한 시간 동안 한반도의 남과 북은 하나의 정치적·문화적 공동체로 유지되어 왔지만, 분단 이후에는 사실상 별개의 국가로 나누어졌다. 더욱이 분단 이후 남한과 북한 간에는 서로 상이하고 적대적인 정치체제가 확립되었고, 그로 인해 두 체제에 속한 주민 간의 자유로운 접촉은 철저하게 차단되었다.

분단 이후 60여 년이 흐르면서 이제 남과 북 각 지역에서 살아온 주민들의 정치적 인식과 태도는 매우 달라질 수밖에 없게 되었다. 예컨대, 공정한 절차적 민주주의의 확립을 위해 이승만 정권 때부터 1987년 6월 항쟁까지 꾸준한 저항의 역사를 지닌 남한과, 지도자가 3대째 세습으로 이어지고 있는 북한 간에는 권력의 정당성에 대한 엄청난 시각의 차이가 존재할 수밖에 없다.

이런 시각의 차이는 상호 간 접촉이나 교류의 경험을 갖지 못한 채 단절된 두 체제하에서 성장해 온 젊은 세대의 경우 더욱 두드러질 수 있다. 특히 남한의 젊은 세대는 한국이 민주화된 이후에 성장기를 보냈기 때문에 권위주의 체제의 경험을 갖고 있지 않다는 점에서 남한의 선배 세대와도 상이한 정치적 태도나 문화를 지니고 있다고 할 수 있다.

그런 만큼 폐쇄적이고 절대주의적 체제하에서 세습된 권력을 수용하며 성장해 온 북한의 젊은 세대와 남한의 젊은 세대가 정치를 바라보는 시각의 차이는 클 수밖에 없을 것이다. 즉 각 젊은 세대에 영향을 미친 외부적 환경이 크게 다르다는 점에서 이들이 지니게 된 정치적 태도에는 상당한 차이가 존재할 것이라는 것이 이 장에서의 문제의식이다.

특히 이 장에서 관심을 갖는 것은 물질주의－탈물질주의에 대한 태도이다. 탈물질주의에 관심을 갖는 것은 이것이 남한 사회에서도 젊은 세대의 새로운 가치를 대표하는 것으로 볼 수 있기 때문이다. 가난과 독재, 전쟁과 냉전의 환경에서 성장한 노령층 세대와는 달리, 젊은 세대는 경제적 풍요와 민주주의, 탈냉전과 세계화의 시대에서 성장해 왔기 때문에 탈물질주의적 가치에 보다 수용적이라고 볼 수 있다.

탈물질주의적 가치가 오늘날 남한 젊은 세대의 한 특성으로 본다면, 과연 남한과 다른 환경에서 살아온 북한의 젊은 세대는 이에 대해 어떤 태도를 보일 것이며, 남한에서의 삶은 어떤 변화를 가져올 것인지 살펴보는 것은 학문적으로 흥미로운 일일 뿐만 아니라, 남북한 젊은 세대를 비교하고 이해하는 데 큰 도움이 될 것이다.

이런 점을 고려하여 여기서는 물질주의와 탈물질주의라는 관점에서 남북한 젊은 세대의 가치와 태도를 비교하고자 한다.

2. 탈물질주의와 세대

잉글하트(Inglehart, 1971)는 서구의 산업화된 민주주의 국가에서 개인의 가치가 과거의 물질주의(materialism)로부터 탈물질주의(post-materialism)로 전환하고 있다고 주장하면서, 이러한 변화를 조용한 혁명(silent revolution)이라고 불렀다.

이러한 탈물질주의적 가치는 정치적인 안정과 경제적인 풍요 속에 성장한 새로운 세대의 변화된 가치로 보았다. 양대 세계대전 등 전쟁의 공포와 비극, 그리고 물질적인 가난과 궁핍을 경험한 세대와 경제적인 풍요와 사회적 안정 속에서 전쟁에 대한 공포감 없이 성장한 세대 간의 가치는 서로 다를 수밖에 없다는 것이다. 즉 생존을 위한 기본적 욕구가 충족되면서 이제 자아실현과 관련된 탈물질주의적 가치가 부상하게 되었다는 것이다.

잉글하트(Inglehart, 1971: 991)는 사람이 사막에서 길을 잃었을 경우 절박하게 물을 찾게 되지만, 일단 갈증이 해소되면 다른 욕구를 갖게 된다고 하였다. 물과 같은 이전의 욕구는 이미 당연한 것이 되고, 이제는 배고픔의 해소와 같은 새로운 욕구를 갖게 된다는 것이다.

심리학자 마슬로우(Maslow, 1954)는 배고픔, 갈증과 같은 생리적인 욕구가 선행되고, 이러한 욕구가 충족되고 나면 공포, 무질서, 혼란 등으로부터의 해방과 같은 안전에 대한 욕구를 갖게 된다고 보았다. 그런 다음에는 소속감과 사랑의 욕구가 생겨나고, 마지막 단계에서는 존중, 성취, 인정에 대한 욕구가 생겨난다고 주장했다.

잉글하트는 마슬로우의 이러한 주장을 수용하여 물질주의는 물질적 생존과 안정을 중시하는 가치인 데 비해, 탈물질주의는 자기표현적 가치(self-expressed values)(Inglehart, 1997; Inglehart and Welzel, 2005)를 중시한다고 보았다.

이러한 탈물질주의적 가치는 개인적 자유, 자기표현, 참여 등을 통해 반영되는 것이다. 물질주의적 가치가 인간의 생존과 직결된 기본적 욕구와 안전을 강조한다면, 탈물질주의적 가치는 자기표현, 삶의 질, 자아실현을 중시하는 입장으로 볼 수 있다. 그런데 이러한 물질주의·탈물질주의적 가치는 정치적인 행동이나 표현에서도 차이를 만들어 낸다.

잉글하트와 웰젤((Inglehart and Welzel, 2005)은 자기표현적 가치가 시민사회, 정치적 자유, 선한 통치, 그리고 성적 평등을 강화하고 민주주의를 보다 반응적인 것으로 만드는 데 핵심적 역할을 한다고 보았다.

달톤(Dalton, 2008: 82) 역시 가치체계의 전반적 변화로 경제성장, 안전, 전통적 삶의 방식 등과 같은 '구정치(Old Politics)'에서 개인적 자유, 사회적 평등, 삶의 질과 같은 '새로운 정치(New Politics)'로 이전하게 되었다고 보았다. 경제성장으로 인한 풍요로움과 정치적 안정으로 인한 안정감이 물질주의에서 탈물질주의로의 가치 이전을 가져오게 한 것이라는 주장이다.

그런데 남북한 젊은 세대의 특성을 분석하면서 물질주의−탈물질주의적 관점을 취하는 까닭은, 비록 이들이 동시대를 살아오기는 했지만 분단으로 인해 상호 단절된 삶을 살아왔고, 더욱이 남과 북의 경제적 수준의 격차가 매우 크기 때문에 같은 세대라고 해도 그 속에서 형성된 가치가 서로 다를 수 있기 때문이다.

마슬로우나 잉글하트의 관점을 취한다면, 서로가 살아온 삶의 환경이 매우 다른 만큼 욕구의 충족에서도 차이가 생겨날 수밖에 없었을 것이며, 그런 상이함이 물질주의적 가치와 탈물질주의적 가치에 대한 상이한 수용성으로 나타날 수 있을 것이라는 점이다.

잉글하트는 크게 두 가지 가설로 이러한 가치 변화가 발생하게 된 원인을 설명했다. 하나는 결핍 가설(the scarcity hypothesis)이고, 다른 하나는 사회화 가설이다(the socialization hypothesis)(Inglehart and Welzel, 2005: 181-185; Inglehart and Abramson, 1994: 336-354; Knusten, 1990: 85-104).

결핍 가설은 물질적 충족과 신체적 안정과 같이 생존을 위한 첫 번째 필수사항이 제대로 만족되지 않으면 사람들은 이러한 욕구를 우선시하게 된다는 것이다. 결핍 가설에 따르면, 경제적 풍요로움이 탈물질주의적 가치 형성에 매우 중요한 조건이 된다. 실제로 달톤(Dalton, 2008: 87, Figure 5.2)의 분석에 따르면, 1인당 GDP가 높은 나라일수록 탈물질주의 가치지수가 높아지는 경향을 보였다.

한편, 사회화 가설은 사회·경제적 조건이 개선되었나고 해서 바로 개인의 가치에 변화가 생겨나는 것은 아니고, 어린 시절 성장 과정에서의 사회화가 중요하다는 것이다. 사회화 가설을 따를 경우 세대적 요인이 중요하게 될 것이다.

달톤(Dalton, 2008: 87, Figure 5.3)은 1885년생부터 1985년생까지를 여섯 세대로 구분하여 탈물질주의적 가치에 대한 수용성을 평가했는데, 구세대의 수용성이 제일 낮고 어린 세대일수록 탈물질주의 가치지수가 높아지는 경향을 보였다.

지금까지의 논의를 고려할 때, 북한 젊은 세대가 탈물질주의적 가치에 대해 어떤 특성을 보이는지 살펴보는 것은 매우 흥미로운 일이다. 결핍 가설에 따른다면, 이들은 남한 젊은 세대보다는 강한 물질주의적 태도를 보일 것으로 추정된다. 사회화 가설에서도 마찬가지 결과를 기대할 수 있지만, 또 한편으로는 젊은 세대를 대상으로 한 조사 결과라는 점에서 남한으로의 이주 때의 연령이 영향을 미칠 수 있을 것이라는 추정도 가능하다.

다음 절에서는 남한과 북한의 젊은 세대를 물질주의－탈물질주의라는 두 개의 대조적인 가치를 중심으로 그 특성을 분석해 볼 것이다. 우선 남한과 북한의 젊은 세대의 물질주의－탈물질주의 정도를 비교하고, 또한 남한과 북한 각 집단 내에서 어떠한 차이를 보이는지에 대해서도 살펴볼 것이다.

이러한 기본적 분석이 이루어진 후 물질주의－탈물질주의 각 집단의 정치참여, 정치적 효능감, 민주주의 등에 대한 태도에 대해서 비교 분석하고자 한다.

3. 분석

물질주의－탈물질주의 분석을 위해 잉글하트가 1970년대부터 사용해 온 12개의 질문 문항을 그대로 사용했다. 12개 문항은 각각 6개씩의 물질주의－탈물질주의적 가치를 담고 있다.

물질주의 항목은 '높은 경제발전 유지', '방위력 증가', '사회의 질서 유지', '생활용품 가격인상 억제/물가·인플레 억제', '경제 안정', 그리고 '각종 범죄 소탕'이다. 탈물질주의 항목은 '직장과 사회에서의 참여 증대,' '환경 개선', '정부정책 결정에 국민참여 확대,' '언론자유 보장', '좀 더 인간적인 사회로의 발전' 그리고 '돈보다 창의성이 중요시되는 사회로 발전'이다.

각 질문마다 물질주의와 탈물질주의 항목을 각각 2개씩 포함하여 각 4개 항목이 포함된 3개의 형태로 나누어 구성했으며, 각 질문마다 4개 항목 중 가장 중요한 목표와 두 번째로 중요한 목표를 선택하도록 했다.

잉글하트(Inglehart, 1977)는 이에 대한 응답을 토대로 물질주의자, 혼합형, 탈물질주의자로 분류했는데, 여기서는 이와는 달리 물질주의－탈물질주의적 가치를 연속적인 것으로 간주하고 분석하고자 한다.

이런 대안적 접근법을 채택하는 것은 여기서의 관심은 탈물질주의자 대 물질주의자라고 하는 이분법적 구분보다는, 젊은 세대가 탈물질주의라는 새로운 가치에 얼마나 수용적인 태도를 보이는지에 보다 관심을 갖기 때문이다. 또한 6개 항목 모두에서 일관되게 물질주의－탈물질주의로 응답한 비율이 극도로 작았다는 점도 고려했다.[1]

여기서의 분석에서 물질주의 항목은 1점씩, 탈물질주의 항목은 2점씩 부여했다. 또한 순서와 무관하게 동일한 의미를 부여한 잉글하트의 연구와는 달리 두 가치 간의 분명한 차별성을 부여하기 위해 1순위로 응답한 것을 2순위로 응답한 것보다 높은 의미를 부여했다. 여기서는 첫 번째 응답의 경우 두 번째 응답보다 두 배의 값을 부여했다.

따라서 세 번의 실문에서 1순위, 2순위를 보두 물실주의석 가치를 선택한 경우, 2+2+2(1순위 물질주의)+1+1+1(2순위 물질주의)=9가 되며, 반대로 모두 탈물질주의적 가치를 고른 경우에는 4+4+4(1순위 탈물질주의)+2+2+2(2순위 탈물질주의)=18이 된다.

모든 응답은 이처럼 9에서 18 사이에 놓이게 될 것인데, 9나 18로 향할수록 각각 보다 물질주의적－탈물질주의적 태도를 보이는 것이 된다. 또한 방향성을 고려한다면 9에서 13까지는 물질주의 쪽이며, 14부터 18까지는 탈물질주의 방향이 될 것이다. 이러한 기준에 의해서 남한과 북한 젊은 세대의 가치에 대해 살펴보았다.

---

1 비슷한 이유로 어수영(2004)은 물질주의적 가치 5개와 탈물질주의적 가치 1개를 선택한 경우를 물질주의자로 간주했고, 탈물질주의적 가치 5개, 물질주의적 가치 1개를 선택한 경우를 탈물질주의로 간주했다. 그러나 여기서도 범주 구분의 자의성이 존재하는 만큼 이 글에서는 오히려 연속적인 개념으로 사용하고자 한다.

표 5-1 물질주의-탈물질주의 평균 비교

이슈	구분	평균 (stv)	n	t - test
탈물질주의-물질주의	남한	13.5 (2.17)	504	t =7.56 p < 0.00
	북한	12.4 (1.89)	298	

분석 결과, 남한과 북한의 젊은 세대 간에 상이한 가치가 확인되었다. <표 5-1>에서 보듯이, 남한 젊은 세대의 경우 13.5점으로 거의 중간 지점의 값이 나타났다. 이에 비해서 북한 젊은 세대는 12.4점으로 보다 물질주의 쪽으로 편향된 모습을 보였고, 분산 정도도 상대적으로 낮았다.

이러한 특성은 <그림 5-1>에서도 확인할 수 있는데, 강한 탈물질주의를 의미하는 15에서 18까지의 범위에서는 남한 젊은 세대의 비율이 북한 젊은 세대보다 높고, 반대로 강한 물질주의를 나타내는 9부터 12까지의 값에서는 북한 젊은 세대의 비율이 상대적으로 높게 나타났다. 북한 젊은 세대가 물질주의 축으로, 남한 젊은 세대가 탈물질주의 축으로 편향되어 있음을 알 수 있다.

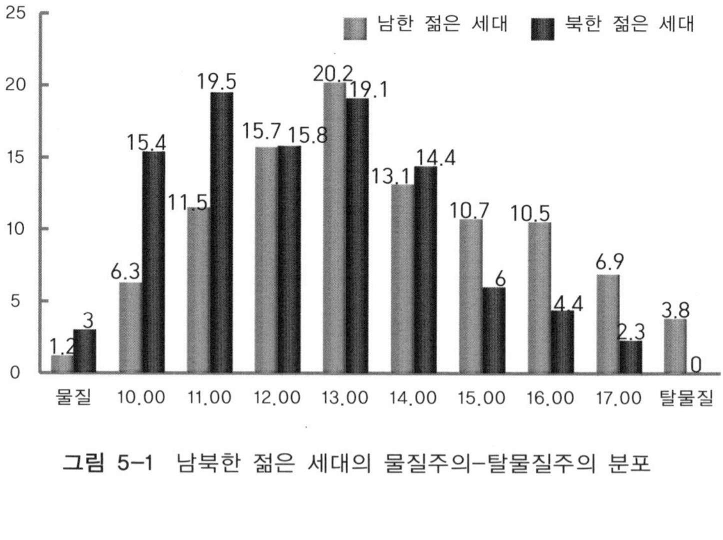

그림 5-1 남북한 젊은 세대의 물질주의-탈물질주의 분포

1) 민주주의

이러한 네 집단의 분류를 토대로 우선 민주주의에 대한 가치에 대해 살펴보기로 했다. 민주주의에 제일 먼저 주목한 것은 아무래도 남북한 간에 가장 분명한 차별성을 보이는 것이 정치체제이며, 이는 전체주의적 세습체제에서 성장한 북한 출신 젊은 세대와 개방적이고 민주화된 환경에서 성장한 남한 젊은 세대와 가치의 차이가 존재할 수 있기 때문이다.

<표 5-2>에는 선거, 집회와 시위, 의회, 표현의 자유, 언론, 성적 평등 여섯 가지 항목의 민주주의 원칙을 얼마나 중요하다고 생각하느냐는 질문에 대한 응답을 나타내고 있다.

여섯 가지 질문 항목 중에서 자유로운 선거를 통한 정치지도자 선출과 여성과 남성이 동일한 권리를 지닌다는 것에 대해서는 남북한 젊은 세대 간에 시각의 차이가 통계적으로 유의미한 수준으로 나타나지 않았다. 그러나 집회와 시위의 권리, 의회의 역할, 정치적 의사표현의 자유, 언론의 비판 역할 등에 대해서는 두 집단 간 시각의 차이가 확인되었다. 예외 없이 남한 젊은 세대에서 이런 활동의 중요성에 대한 응답이 상대적으로 높았다.

형식적이지만 인민대의원 선거의 존재 때문인지 단순한 선거참여에 대해서는 북한 젊은 세대가 남한 젊은 세대와 큰 시각의 차이를 보이지 않았지만, 단순한 선거참여를 넘어서는 보다 적극적인 의사표현과 저항, 비판이라고 하는 민주적 정치참여 방식에 대해서는 북한에서의 경험을 가진 젊은 세대의 소극성이 드러났거나 혹은 익숙하지 않은 태도가 여기서 발견된다고 할 수 있다.

표 5-2 민주주의에 대한 남북한 젊은 세대의 가치 비교

이슈	구분	평균	*t* - test
자유로운 선거를 통해서 정치지도자 선출	남한	1.40	*t* = -0.76
	북한	1.43	
질서유지 위해 집회와 시위 금지 (역)	남한	2.15	*t* = -5.58 *
	북한	2.48	
의회의 승인 없이 법 선포 (역)	남한	2.21	*t* = -3.91 *
	북한	2.49	
정치적 견해를 자유롭게 표현	남한	1.43	*t* = -3.04 *
	북한	1.57	
언론기관이 정부 비판 제약 (역)	남한	1.88	*t* = - 5.19 *
	북한	2.18	
여성과 남성이 같은 권리	남한	1.63	*t* = 0.10
	북한	1.62	

주: * $p < 0.01$
1- 매우 중요, 2-다소 중요, 3-그다지 중요치 않음, 4-전혀 중요치 않음.
응답의 방향을 동일하게 하기 위해 (역)은 응답의 순서를 뒤집어 코딩한 것임.

그러나 남한과 북한의 젊은 세대를 물질주의－탈물질주의적 태도를 고려하여 네 집단으로 구분하여 분석하면 또 다른 결과를 확인해 볼 수 있다. 즉 남한 젊은 세대라고 해도 모두가 탈물질주의적 가치를 지녔다고 할 수는 없으며, 마찬가지로 북한 젊은 세대라고 해서 모두 물질주의자라고 볼 수는 없을 것이다.

이런 점을 감안하여 앞에서 정의한 물질주의－탈물질주의의 구분을 토대로 남한과 북한 젊은 세대 각각 내부의 비율을 살펴보았다. <표 5-3>에서 보듯이 흥미로운 결과가 나타났다. 남한 젊은 세대의 경우 물질주의자의 비율이 55%이며, 탈물질주의자의 비율은 45%였다. 이에 비해 북한 젊은 세대는 그 비율이 72.8%에 달했지만, 탈물질주의적 가치를 갖는 이들도 27.2%였다. 북한 젊은 세대 중 대략 4명 중 1명은 탈물질주의적 가치를 지닌 것으로 나타난 것이다.

표 5-3 출신지별 물질주의자-탈물질주의자 비율

(단위: %)

구분	물질주의자 (9-13)	탈물질주의자 (14-18)	합 (n)
남한	55.0	45.0	100.0 (504)
북한	72.8	27.2	100.0 (298)

만약 잉글하트의 주장대로 물질주의자와 탈물질주의자 간 정치적 태도에 차이가 존재한다면, 똑같이 북한 젊은 세대라고 해도 적지 않은 차이를 보일 것으로 기대해 볼 수 있을 것이다.

<표 5-4>는 <표 5-2>에서 본 민주주의에 대한 태도를 물질주의-탈물질주의적 구분을 추가하여 각 집단별 특성을 비교한 것으로 매우 주목할 만한 결과가 도출되었다. 물질주의-탈물질주의적 가치에 따라서 출신지별뿐만 아니라, 남한 출신 젊은 세대 간 그리고 북한 출신 젊은 세대 간 민주주의에 대한 태도에 적지 않은 차이를 찾을 수 있다. 가장 민주적인 태도를 취하는 것은 역시 탈물질주의적 수용성이 큰 남한의 젊은 세대였다. 이에 비해 북한의 물질주의자들이 가장 민주주의적 태도의 정도가 낮았다.

흥미로운 점은 남한의 물질주의자와 북한의 탈물질주의자인데, 이들 두 집단은 매우 유사한 태도를 보였다. 오히려 근소하게나마 북한 탈물질주의자의 민주적 태도의 정도가 더 높았다.

표 5-4 물질주의-탈물질주의적 태도에 의한 민주주의에 대한 가치 비교

구분	평균	표준편차	n	ANOVA
남한 물질주의	11.4	2.76	277	$F = 23.6$ $p < 0.00$
남한 탈물질주의	9.8	3.08	227	
북한 물질주의	12.0	2.73	216	
북한 탈물질주의	11.2	2.85	81	

주: <표 5-2>의 여섯 가지 질문의 합에 대한 평균임. 각각 1에서 4까지의 응답이므로 최솟값 6은 가장 민주적인 태도를, 최댓값 24는 가장 덜 민주적인 태도를 보여 주는 것임.

이러한 특성은 젊은 세대의 민주주의적 가치가 남한과 북한이라는 출신지 못지않게 물질주의 대 탈물질주의라고 하는 개인적 태도의 수용성에 따라 크게 달라질 수 있다는 사실을 보여 주는 것이다.

2) 정치적 효능감

이번에는 정치적 효능감(political efficacy)에 대해서 살펴보았다. 정치적 효능감은 "정치 영역에서 갖는 한 개인의 효능감과 정치 시스템의 반응성에 대한 평가의 합"(Campbell, Gurin, and Miller, 1954: 187)으로 정의할 수 있다.

정치적 효능감은 일반적으로 내적 효능감(internal efficacy)과 외적 효능감(external efficacy)으로 구분하는데, 내적 효능감은 자신이 정치적 결정 과정에 영향을 미칠 수 있는 자원과 지식을 갖고 있다고 하는 주관적 판단이라고 할 수 있다. 즉 내가 정치적 지식을 갖고 있으며 영향을 미칠 수 있을 것이라는 판단이다.

한편, 외적 효능감은 국가가 시민의 요구에 귀 기울이고 제대로 반응하는가에 대한 개인적 판단이라고 할 수 있다. 다시 말하면, 국가가 내 요구를 들으려고 하는지에 대한 기대감이라고 할 수 있다. 내적이든 외적이든 정치적 효능감이 클수록 정치참여에 보다 적극적이며 정치 과정 전반에 대한 만족감도 높다.

<표 5-5>는 남한과 북한 출신지별로 정치적 효능감을 비교해 본 것이다. 분석 결과, 내적 효능감에 대해서는 커다란 차이가 나타나지 않았다. 다만, 투표에 대한 효능감에 대해서는 차이가 확인되었는데, 북한 출신이 상대적으로 낮은 정치적 효능감을 느끼고 있는 것으로 나타났다.

표 5-5 남북한 젊은 세대의 정치적 효능감 비교

이슈	구분	평균	*t* - test
투표만이 정부에 대해 말할 수 있는 유일한 방법이다	남한	2.88	$t = 0.12$
	북한	2.87	
투표는 많은 사람들이 하기 때문에 내 투표는 그리 중요하지 않다	남한	1.66	$t = -5.05$ *
	북한	1.94	
# 선거에서 어떤 후보에게 투표하는가는 중요하지 않다	남한	1.78	$t = -1.58$
	북한	1.69	
# 누구에게 투표하는가가 미래 일에 영향을 미치지 않는다	남한	1.75	$t = -0.51$
	북한	1.78	
국가가 개인의 재산 문제에 간섭할 수 있다	남한	2.16	$t = -2.62$ *
	북한	2.31	
개인은 국가를 위해서 희생을 감수해야 한다	남한	2.08	$t =- 8.05$ *
	북한	2.49	
우리는 국가가 하는 일에 대해 말할 자격이 없다	남한	1.44	$t = -5.56$ *
	북한	1.74	
국가는 일반대중보다 소수의 지도자가 다스릴 때 잘 되는 법이다	남한	1.81	$t =- 5.66$ *
	북한	2.13	

주: * $p < 0.01$

두 항목은 나머지 질문과 의미를 동일하게 하기 위해 문장을 부정문으로 바꾸고 응답의 순서도 거꾸로 바꾸어 계산했음.

1-전혀 동의하지 않음, 2-별로 동의하지 않음, 3-대체로 동의함, 4-전적으로 동의함.

표 5-6 남북한 젊은 세대의 내적 · 외적 효능감 비교

정치적 효능감	구분	평균	*t* - test
내적 효능감	남한	8.07	$t = -1.74$
	북한	8.27	
외적 효능감	남한	7.48	$t = -8.37$ *
	북한	8.66	

주: * $p < 0.01$

<표 5-5>의 전반부 네 항목의 합이 내적 효능감, 후반부 네 항목의 합이 외적 효능감. 따라서 크기는 4에서 16까지이며, 숫자가 작을수록 효능감이 큰 것임.

그러나 외적 효능감, 즉 개인이나 시민적 요구에 대한 국가의 반응성, 대응에 대한 태도에서는 남북한 젊은 세대 간에 상당한 시각의 차이가 확인되었다. 외적 효능감을 측정한 네 항목에서 모두 남북한 젊은 세대 간에 상당한 태도의 차이가 확인되었으며, 북한 젊은 세대의 상대적으로 낮은 효능감이 일관된 패턴으로 나타났다.

이러한 차이는 <표 5-6>에서 보듯이 내적 효능감과 외적 효능감 각 항목을 합산하여 계산했을 때 보다 뚜렷하게 나타났다. 즉 내적 효능감은 통계적인 유의미성을 보이지 않았지만, 외적 효능감은 큰 차이를 보였다.

이처럼 북한 젊은 세대에게서 상대적으로 낮은 외적 효능감이 나타난 것은 아무래도 억압적이고 폐쇄적이며 권위주의적인 체제에서 성장하여 국가에 대한 개인의 권리나 요구에 대한 인식이 낮은 탓으로 보인다. 개인 재산의 국가 개입에 대한 태도에서도 북한 젊은 세대의 반응 역시 마찬가지 차원에서 해석해 볼 수 있다.

그렇지만 이러한 정치적 효능감을 물질주의－탈물질주의로 구분해서 보면 또 다른 결과가 나타난다.

<표 5-7>에서 보듯이, 남북한 젊은 세대의 차이보다 물질주의－탈물질주의적 가치에 따른 구분이 정치적 효능감에 대해 보다 분명한 차이를 보이고 있다.

표 5-7 물질주의-탈물질주의적 가치에 의한 정치적 효능감 비교

구분	평균	표준편차	n	ANOVA
남한 물질주의	8.37	1.59	277	$F = 11.3$, $p < 0.01$
남한 탈물질주의	7.69	1.77	227	
북한 물질주의	8.53	1.88	215	$F = 21.3$, $p < 0.01$
북한 탈물질주의	7.85	1.53	79	

여기서도 앞에서 본 <표 5-4>의 경우처럼 탈물질주의적 가치를 지닌 남한 젊은 세대의 정치적 효능감이 가장 크게 나타났으며, 북한 출신 물질주의자의 정치적 효능감이 가장 낮게 나타났다.

그런데 두 번째로 정치적 효능감을 크게 느끼는 집단은 북한 젊은 세대 가운데 탈물질주의적 태도를 지닌 이들이었다. 남한의 물질주의자가 상대적으로 낮은 정치적 효능감을 보였다.

즉 남한과 북한이라는 출신지 차이뿐만 아니라, 이들이 물질주의-탈물질주의에 대해 어떠한 정치적 가치를 지니느냐에 따라서 서로 다른 정치적 효능감을 보이고 있음을 알 수 있다.

3) 집단주의와 개인주의

이번에는 전통과 권위 대 개인의 자유와 선택, 집단주의 대 개인주의 등에 대한 남북한 두 젊은 세대 간의 태도의 차이가 존재하는지 살펴보았다.

<표 5-8>에서는 모두 5개의 질문 항목이 포함되어 있는데, 연장자 권위 인정, 부모-자식 관계와 같은 전통적 권위와 개인의 선택에 대한 내용, 집단주의와 개인주의에 대한 내용이 포함되어 있다.

분석 결과에서 알 수 있듯이, 여기서도 남북한 젊은 세대 간 상당한 의식의 차이가 확인되었다. 연장자에 대한 권위를 인정한다고 하는 항목을 제외하면 나머지 네 항목 모두에서 일관된 패턴의 차이가 나타났다. 집단과 사회 이익이 개인보다 우선한다는 것이나, 정부-국민 관계가 부모-자식의 관계와 같은 것이라거나, 개인은 사회를 위해 희생할 준비가 되어 있어야 한다는 것, 그리고 부모 요구가 부당해도 자식은 이에 순응해야 한다는 것에서 남북한 젊은 세대 간 뚜렷한 입장의 차이가 확인되었다.

남한 젊은 세대가 개인적 자유와 선택, 개인적 가치를 중시한다면, 북한 젊은 세대의 경우에는 보다 전통적인 가치에 순응적이고 집단을 우선시하는 태도를 보였다. 전반적으로 북한 젊은 세대는 군사부일체(君師父一體)와 같은 전통적인 유교적 태도의 영향을 느낄 수 있다.

5개 항목에서 남북한 젊은 세대의 응답 중 가장 큰 차이를 보인 것이 정부－국민 관계를 부모－자식 간 관계라는 것이었는데, 북한 젊은 세대의 경우 평균값이 2.03으로 5개 항목 중 가장 긍정적인 태도를 보였다. 이러한 5개 항목의 응답을 모두 합하여 남북한 젊은 세대 간의 의식을 비교한 것이 <표 5-9>이다.

표 5-8 '전통과 권위' 대 '개인의 자유와 선택'에 대한 남북한 젊은 세대의 의식 비교

이슈	구분	평균	t - test
연장자 권위 인정	남한	2.12	t = -0.84
	북한	2.09	
집단, 사회 이익이 개인보다 우선	남한	2.38	t = 3.58 *
	북한	2.22	
정부-국민 관계는 부모-자식 관계	남한	2.60	t = 10.26 *
	북한	2.03	
개인은 사회를 위해 희생할 수 있어야	남한	2.77	t = 6.56 *
	북한	2.44	
부모 요구가 부당해도 자식은 순응해야	남한	2.99	t = 7.06 *
	북한	2.61	

주: * $p < 0.01$
1-적극 동의, 2-동의, 3-동의 안 함, 4-전혀 동의 안 함.

표 5-9 '전통/집단' 대 '자유/개인'에 대한 남북한 젊은 세대의 의식 비교

이슈	구분	평균	t - test
전통, 집단-자유, 개인	남한	12.9	t = 9.13 p < 0.00
	북한	11.4	

주: 1-가장 전통, 집단에 순종적, 20-가장 개인적·자유적

두 집단 간의 차이가 통계적으로 유의미하게 확인되었는데, 북한 젊은 세대가 유교적이라고 할 수 있는 전통적 가치에 보다 순응적이고 개인보다 집단을 우선시하는 태도를 보이고 있음을 알 수 있다.

그러나 물질주의-탈물질주의에 대한 가치를 함께 고려하면 다소 다른 결과가 나타난다. 가장 개인적이고 개인의 자유와 선택을 중시하는 집단은 역시 탈물질주의적 태도를 갖는 남한 젊은 세대로 나타났다. 그 다음으로 자유와 개인의 선택을 중시하는 이들은 물질주의적 태도를 취하는 남한 젊은 세대였다. 이는 앞의 <표 5-4>, <표 5-7>과는 상이한 결과이다.

북한 젊은 세대는 전통/집단 대 자유/개인 항목에서는 물질주의나 탈물질주의 구분 없이 남한 젊은 세대와 상이한 태도를 보였으며, 보다 전통적이고 집단주의적 특성에 수용적인 모습을 나타낸 것이다. 앞서 본 민주주의나 정치적 효능감과 같은 정치참여와 관련된 사항과는 달리 전통, 집단 등에 대한 질문에서는 북한 젊은 세대의 특이성이 나타난다고 할 수 있다. 즉 유교적인 전통적 가치에 북한 젊은 세대가 보다 순응적인 것으로 보인다.

그러나 북한 젊은 세대 가운데서도 물질주의적 입장을 취하는 이들과 탈물질주의적 입장을 취하는 이들 간의 시각 차이가 존재한다는 점은 앞에서와 마찬가지로 여기서도 확인된다.

표 5-10 물질주의-탈물질주의적 가치에 의한 '전통/집단' 대 '자유/개인' 간 비교

구분	평균	표준편차	n	ANOVA
남한 물질주의	12.6	2.76	277	$F = 27.1$ $p < 0.00$
남한 탈물질주의	13.2	3.08	227	
북한 물질주의	11.3	2.73	216	
북한 탈물질주의	11.9	2.85	81	

4) 경제발전과 민주주의

이번에는 경제발전과 민주주의 중에서 어떤 것을 더 중시하는지에 대해서 살펴보았다. 사실 경제발전－민주주의는 앞서 본 물질주의－탈물질주의 구분을 위한 설문에서도 유사한 형태로 포함되었다. 12개 질문항목 가운데 '높은 경제발전 유지'는 물질주의적 가치 측정을 위해서, 그리고 '정부정책 결정에 국민참여 확대,' '언론자유 보장' 등은 탈물질주의적 가치 측정을 위해서 포함되었다.

그러나 '경제발전－민주주의'는 이러한 질문보다는 보다 포괄적인 개념으로 제시되었고, 또한 이분법적으로 제시되었다는 점에서 다소 차이가 있다. 과연 이에 대한 응답에서 남북한이라는 지역적 차이가 더 크게 나타날 것인지, 아니면 물질주의－탈물질주의에 대한 상이한 태도가 더 크게 영향을 미칠 것인지 살펴보는 것은 매우 흥미롭다.

우선 경제발전과 민주주의 중에서 어떤 것이 더 중요하냐는 질문에 대해서도 남북한 젊은 세대 간에 시각의 차이가 확인되었다. 남한 젊은 세대의 53%가 민주주의가 더 중요하다고 응답한 것에 비해, 북한 젊은 세대 중에서 그러한 응답은 42.4%로 나타났다. 두 집단 간 약 10%의 차이가 존재했다. 반면 경제발전이 '훨씬' 중요하다는 응답의 비율은 북한 출신의 경우 36%로 남한 젊은 세대의 응답률 15%의 두 배가 넘었다.

표 5-11 경제발전과 민주주의에 대한 남북한 젊은 세대의 태도 비교

(단위: %)

구분	경제발전이 훨씬 중요	경제발전이 좀 더 중요	민주주의가 좀 더 중요	민주주의가 훨씬 중요	합 (n)
남한	15.1	31.9	38.3	14.7	100.0 (504)
북한	36.0	21.5	28.2	14.2	100.0 (344)
카이제곱 검정 Pearson 카이제곱 52.3, $p < 0.00$					

전반적으로 북한 젊은 세대의 강한 물질주의적 태도를 확인할 수 있다. 그런데 물질주의-탈물질주의 변수가 포함되는 경우에는 다소 다른 결과가 나타난다.

<표 5-12>에서 볼 수 있듯이, 남한의 탈물질주의적 젊은 세대는 압도적으로 민주주의의 중요성을 강조한다. 모두 77.1%의 응답자가 민주주의가 더 중요하다고 응답했다. 이에 비해 남한의 물질주의적 젊은 세대 중에서는 탈물질주의자의 절반 정도인 33.2%만이 민주주의가 더 중요하다고 응답했고, 66.8%는 경제발전을 강조했다.

한편, 북한 젊은 세대의 경우 탈물질주의자 가운데 59.3%는 민주주의를 더 중요하다고 응답했으며, 물질주의자는 37.3%가 민주주의가 더 중요하다고 했고, 62.7%는 경제발전을 중시했다.

이들 네 집단 중에서 민주주의가 더 중요하다고 응답한 비율은 "남한 탈물질주의자 > 북한 탈물질주의자 > 북한 물질주의자 > 남한 물질주의자"의 순으로 나타났다.

표 5-12 물질주의-탈물질주의적 시각에서 경제발전과 민주주의에 대한 의식 비교

(단위: %)

구분	경제발전이 훨씬 중요	경제발전이 좀 더 중요	민주주의가 좀 더 중요	민주주의가 훨씬 중요	합 (n)
남한 물질주의	23.8	43.0	27.4	5.8	100.0 (277)
남한 탈물질주의	4.4	18.5	51.5	25.6	100.0 (227)
북한 물질주의	39.2	23.5	25.3	12.0	100.0 (217)
북한 탈물질주의	23.5	17.3	42.0	17.3	100.0 (81)
Pearson 카이제곱 159.1 $p < 0.01$					

즉 남한과 북한 출신이라는 차이보다 물질주의적 가치를 지니고 있는지, 탈물질주의적 가치를 취하고 있는지에 따른 인식의 차이가 더욱 크게 나타난 것이다. 북한 젊은 세대라고 해도 탈물질주의적 가치를 취하고 있는 이들은 민주주의를 경제발전보다 우선시하는 것으로 나타났다.

5) 누가 물질주의자이고, 탈물질주의자일까?

지금까지 살펴본 대로 남한과 북한의 젊은 세대 가운데서도 물질주의－탈물질주의라는 태도의 차이에 따라 그들의 정치적 인식에 커다란 차이를 보이고 있다는 사실을 알 수 있다. 잉글하트의 주장은 지금까지의 분석에서 전반적으로 입증이 되고 있다.

그렇다면 이제 궁금해지는 것은 과연 젊은 세대 가운데 누가 탈물질주의적 가치를 지니고 있고, 누가 물질주의적 가치를 지니고 있는가 하는 것이다. 특히 상대적으로 빈곤하고 억압적인 체제에서 성장해 온 북한 젊은 세대 가운데 어떤 특성을 지닌 이들이 탈물질주의적 가치를 갖게 되었는지 살펴볼 필요가 있다.

이를 알아보기 위해 성별, 남한에서의 교육 여부, 북한에서의 교육 정도, 남한에서의 거주기간, 출생연도, 그리고 주관적 이념 성향에 따른 차이를 분석했다.[2]

---

2 북한 출신 젊은 세대의 표본 수가 그다지 크지 않으며, 더욱이 그 가운데 탈물질주의자의 비율이 별로 높지 않아 회귀분석 등 하나의 통계 모델로 종합하는 분석은 실시할 수 없었다.

표 5-13 북한 젊은 세대 중 성별, 남한에서의 교육 여부, 북한 교육에 따른 물질주의-탈물질주의적 태도 비율

구분	성별		남한에서의 교육경험 여부		북한에서의 교육			
	남성	여성	있다	없다	소학교	고등중 재학	고등중 졸업	전문학교 이상
물질주의	74.1	71.3	69.7	82.6	70.2	57.4	79.2	77.3
탈물질주의	25.9	28.7	30.3	17.4	29.8	42.6	20.8	22.7
合(n)	100.0 (116)	100.0 (178)	100.0 (228)	100.0 (69)	100.0 (47)	100.0 (61)	100.0 (144)	100.0 (44)
χ^2	0.27 $p = 0.69$		4.43 $p < 0.05$		10.92 $p < 0.05$			

표 5-14 남한 거주기간, 출생연도, 이념성향에 따른 북한 젊은 세대의 태도 비교

구분	거주기간(개월)	출생연도	이념성향
물질주의	46.1	1985.5	5.21
탈물질주의	53.2	1986.5	4.86
t - test	$t = -1.77,\ p < 0.1$	$t = -1.64,\ p > 0.1$	$t = 1.10,\ p = 0.27$

우선 성별 간의 차이는 없는 것으로 나타났다. 출생연도를 기준으로 한 차이도 거의 없는 것으로 나타났으며, 주관적 이념성향 역시 물질주의-탈물질주의적 태도를 갖게 하는 데 별다른 차이를 나타내지 못했다. 차별성이 나타난 것은 남한에서의 거주기간으로, 탈물질주의적 태도를 취하는 이들이 남한에서의 거주기간이 보다 더 길었다.

또한 남한에서의 교육경험 여부도 영향을 미쳤는데, 남한에서 교육을 받은 경험이 있는 이들의 경우 탈물질주의적 태도를 취하는 비율이 그렇지 않은 경우보다 두 배 가까이 컸다.

한편, 북한에서 교육 정도는 남한에서의 교육 여부와 상반된 패턴을 보이는데, 고등중학교 이상으로 오랜 시간 교육을 받은 경우 탈물질주의자의 비율이 낮았다.

그런 점에서 볼 때 북한 젊은 세대 중 탈물질주의적 태도를 갖게 된 이들은 남한에서의 삶이나 교육을 통해 이러한 가치를 습득하게 되었을 것으로 추정해 볼 수 있다.

따라서 남한의 삶의 방식이나 가치에 보다 잘 적응하고 이해하게 될수록 탈물질주의적 가치에 수용적일 가능성이 그만큼 높아진다고 봐야 할 것 같다.

"인간의 주관적 안전감은 개인적 안전을 반영하는 것만 아니라, 그 사회의 맥락 속에 퍼져 있는 일반적인 안전감에 의해서도 영향을 받는다. 부유한 개인과 국가가 가난한 개인과 국가보다 더욱 안전하다고 느끼는 동안, 이러한 감정은 이들이 성장하는 문화적 설정과 사회적 복지제도에 의해서도 영향을 받는다(Inglehart and Welzel, 2005: 183)"는 주장은 여기에서도 마찬가지로 적용해 볼 수 있을 것이다.

앞서 살펴본 결핍 가설은 남한 젊은 세대와 북한 젊은 세대 간 차이를 설명하는 데는 적용될 수 있겠지만, 북한 젊은 세대 간 가치의 차이를 설명하는 데는 사회화 가설이 보다 적절해 보인다. <표 5-13>과 <표 5-14>의 결과는 남한으로 넘어온 이후의 교육과 사회화가 이들의 탈물질주의적 가치 수용에 상당한 영향을 미친 것으로 나타났기 때문이다.

마지막으로 남한 젊은 세대의 물질주의－탈물질주의적 가치에 영향을 미치는 요인에 대해서 살펴보았다. 성별, 출생연도, 가계소득, 이념, 교육 수준 등을 독립변수로 고려했다.

분석 결과, 남한 젊은 세대의 경우에도 <표 5-15>에서 보듯이 교육이 탈물질주의적 태도에 미치는 영향이 매우 크며, 교육 수준이 높을수록 탈물질주의적 태도를 취할 가능성은 거의 두 배 가까이 커지는 것으로 나타났다. 그리고 북한 젊은 세대와는 달리 남한 젊은 세대의 경우 이념적 입장이 탈물질주의적 입장을 취하는 데 큰 영향을 미치는 것으로 나타났다.

표 5-15 남한 젊은 세대의 물질주의-탈물질주의에 대한 로지스틱 회귀분석

구분	*B*	*p*	Exp(*B*)
성별	0.24	0.20	1.27
출생연도	0.00	0.92	1.00
소득	-0.06	0.24	0.95
이념	-0.31	0.00*	0.73
교육	0.65	0.00*	1.91
상수	-1.27	0.51	
n = 504 분류정확 63.1%, Cox & Snell R^2 = 0.10, -2로그우도= 641.2			

주: 종속변수 - 물질주의 0, 탈물질주의 1, 독립변수 중 성별 - 여성 0, 남성 1

이념적으로 진보적일수록 탈물질주의적인 가치에 보다 수용적인 것으로 나타났다. 전체적으로 볼 때, 남한 젊은 세대 간의 상이한 가치 역시 사회화 가설에 의한 설명이 보다 설득력이 높은 것으로 보인다.

4. 나가며

지금까지 정치적·사회적 가치에 대한 남한과 북한 젊은 세대의 차이에 대해서 살펴보았다. 여기서 관심을 가졌던 물질주의-탈물질주의적 가치는 잉글하트나 달톤의 연구 결과가 보여 주듯이 정치참여, 민주주의 체제, 정치적 효능감 등 정치를 바라보는 전반적인 태도와 가치관에 커다란 영향을 미치는 것이었다. 과연 이러한 가치관의 차이가 남한과 북한이라는 상이한 환경에서 성장한 두 젊은 세대에게서도 유사한 패턴으로 나타날 것인가 하는 점이 바로 이 장에서의 문제의식이었다.

앞에서의 분석에서 본 것처럼, 전반적으로 볼 때 남한과 북한 젊은 세대 간 정치를 바라보는 시각의 차이는 비교적 일관되고 뚜렷하게 차이

가 나타났다. 민주주의, 정치적 효능감, 집단주의 대 개인주의, 경제발전 대 민주주의라는 네 가지 기준에서 모두 남한 젊은 세대가 보다 정치참여와 비판의 중요성을 느끼고 있었고, 정치적 효능감이 컸으며, 보다 개인적이고 자유적이며, 경제발전보다 민주주의를 강조하는 것으로 나타났다.

그러나 여기서 보다 중요한 점은 남한과 북한의 젊은 세대를 하나의 동질적 집단으로 보려고 해서는 안 된다는 것이다. 여기서 주목한 물질주의와 탈물질주의에 대한 태도를 함께 고려했을 때, 남한과 북한이라는 출신지 간의 차이는 그다지 일관된 형태로 확인되지 않았다.

물질주의자와 탈물질주의자의 비율만을 본다면, 예상대로 남한 젊은 세대에서 탈물질주의자의 비율이 북한 출신에 비해 상대적으로 높았으며, 북한 출신 젊은 세대에서는 물질주의자의 비율이 높았다. 그러나 동시에 각 집단별 내부적으로도 차이가 존재하는 것으로 나타났다. 남한 젊은 세대에서도 55 대 45로 물질주의자가 탈물질주의자보다 많았으며, 북한 젊은 세대의 경우 그 비율은 3 대 1이었다.

그러나 이들 네 집단을 대상으로 한 분석에서는 남한 출신 대 북한 출신 간의 차별성보다, 출신지와 무관하게 물질주의자 집단과 탈물질주의자 집단 간의 차이가 보다 뚜렷하고 일관되게 나타났다. 남한의 물질주의자보다 북한 탈물질주의자의 민주주의나 정치참여, 정치적 효능감에 대한 태도가 보다 적극적인 것으로 나타났던 것이다.

그리고 그러한 차이를 만들어낸 중요한 요인은 남한에서의 거주기간, 교육 여부 등이 중요한 것으로 나타났다. 잉글하트의 연구에 의하면, 사회화 가설이 이러한 특성을 설명하는 데 보다 적절하다고 볼 수 있을 것이다. 이런 결과가 나타난 것은 이 연구의 대상이 젊은 세대라는 특성과도 깊은 관련이 있어 보인다. 젊은 세대인 만큼 남한이라는 새로운 삶의 터전에 대한 적응력과 동화력이 크기 때문에 새로운 가치에 보다 순응적이고 수용적일 수 있기 때문이다.

그런 점을 고려하더라도 여기서의 발견점은, 남북 통일을 염두에 둘 때 남북의 통합을 위해서는 북한 주민들을 어떻게 효과적으로 재사회화시킬 것인가의 의미가 중요하다는 것이다.

마지막으로 지적하고 싶은 것은, 이 장에서의 발견점이 북한이탈 주민을 바라보는 우리 사회의 편견이 매우 잘못되었다는 것을 여실히 보여 주고 있다는 것이다. 다른 환경에서 오랜 기간 지내온 만큼 이들의 인식과 사고는 남한 주민과는 크게 다를 것이라는 것이 우리의 편견이라면, 이 장에서의 발견은 이들이 매우 강한 적응력을 지니고 있으며 우리와 크게 다르지 않다는 것이다. 남한 젊은 세대가 물질주의자와 탈물질주의자로 나누어진 만큼, 북한 젊은 세대도 마찬가지로 상이한 태도를 취하는 것으로 나타났기 때문이다.

여기서의 조사는 남한 사회의 그릇된 편견을 깨고 북한이탈 주민에 대한 보다 균형감 있고 포용적인 태도가 필요하다는 사실을 일깨워 주고 있다.

〔강원택〕

참고문헌

강동완·박정란. 2012.「한국의 통일 담론」.『북한학연구』 8(2): 215-247.

강원택. 2003.『한국의 선거 정치: 이념, 지역, 세대와 미디어』. 푸른길.

_____. 2005.「한국의 이념 갈등과 진보·보수의 경계」.『한국정당학회보』 4(2): 193-217.

_____. 2006.「한국인의 국가 정체성과 민족 정체성: 대한민국 민족주의」. 강원택 편.『한국인의 국가 정체성과 한국 정치』 15-38. 동아시아연구원.

_____. 2011.「한국 사회의 국가정체성과 민족정체성의 변화」. 강원택·이내영 공편.『한국인, 우리는 누구인가?: 여론조사를 통해 본 한국인의 정체성』. 고려대학교 아세아문제연구소.

강창구. 2012.「북한이탈주민의 정착문제와 전망: 취업활성화 방안을 중심으로」.『한국민주시민교육학회보』 13(1): 3-22.

경제협력개발기구(OECD). 2010.『2010년 한국경제보고서』.

길은배·이종원·최원기. 2001.『남북한 평화공존을 위한 청소년의 사회문화적 동질성 증진방안 연구』. 통일연구원.

김기연·신수진·최혜경. 2003.「한국인의 세대별 가치관과 생활행동」.『한국가정관리학회지』 21(3).

김동규. 2002.「남북한 청소년의 이질성 및 동질성의 요인분석」.『민족정체성과 남북한 청소년』. 한국청소년연구원.

김병로. 2009.「통일의식 변화와 국민 통합을 위한 대북정책 방향」.『사회과학연구』 33(1): 153-172.

_____. 2013a.「북한주민의 대남인식과 북한실태 변화」. 서울대학교 통일평화연구원 편.『김정은 1년, 북한주민의 의식과 사회변동』 토론집.

_____. 2013b.「2013 통일의식 조사 결과: 북한에 대한 인식」. 서울대학교 통일평

화연구원 세미나(2013. 9. 26.「박근혜 정부 대북정책에 대한 국민의 평가와 기대」) 발표문.

김병로·김병조·박명규·서호철·은기수·정은미. 2007.『2007 통일의식조사』. 서울대학교 통일연구소.

김병로·최경희. 2012.「남북한 주민의 통일의식 비교 분석」.『통일과 평화』4(1): 101-139.

김성복. 2000.「북한의 주체사상과 유일체제와 유교적 전통의 상호관계」.『사학연구』61: 233-252.

김승철. 2004.「개인주의와 집단주의」.『통일연구』1월: 167-175.

김영하. 2007.「북한이주민을 활용한 중학교 통일교육 프로그램이 학생들의 통일문제에 관한 의식에 미친 연구」.『대한정치학회보』14(3): 267-294.

김욱. 2005.『정치 참여와 탈물질주의: 한국과 스웨덴 비교』. 집문당.

김윤명. 2009.「청소년과 성인이 지각하는 한국인의 특성」.『청소년문화포럼』21: 167-175.

김지희. 2006.「한국인의 정치제도에 대한 신뢰와 불신: 신뢰 형성에 영향을 미치는 정치경제적, 사회문화적 요인에 대한 연구」.『신뢰연구』16(1).

김창희. 2012.「북한 권력승계의 정치: 이념·제도화·인적기반·사회화」.『한국동북아논총』64: 79-104.

김홍규. 1992.「남북한 청소년의 이질성과 동질성의 요인분석」.『민족정체성과 남북한 청소년』. 한국청소년연구원 연구보고서. 한국청소년연구원.

나은영·차유리. 2010.「한국인의 가치관 변화 추이: 1979, 1998 및 2010년의 조사 결과 비교」24(4): 10-44.

나은영·차재호. 1999.「1970년대와 1990년대 간 한국인의 가치관 변화와 세대차 증감」.『한국심리학회지 사회 및 성격』13(2): 29-52.

도종수. 2000.「남북한 청소년의 사회화 비교」. 남북한의 심리적 통합. 한국심리학회 춘계 심포지엄.

『동아일보』. 2013. 4. 1.

『매일경제』. 2010. 6.18.

박명규·강원택·김병로·송영훈·이수정·장용석. 2011.『2011 통일의식조사』. 서울대학교 통일연구소.

_____. 2012.『2012 통일의식조사』. 서울대학교 통일평화연구원.

_____. 2013.『2013 통일의식조사』. 서울대학교 통일평화연구원.
박명규·김병로·김병조·박영호·정은미. 2008.『2008 통일의식조사』. 서울대학교 통일연구소.
박명규·김병로·김병조·박정란·정은미·이상신. 2009.『2009 통일의식조사』. 서울대학교 통일연구소.
_____. 2010.『2010 통일의식조사』. 서울대학교 통일연구소.
박미옥. 2004.「정부의 신뢰성 제고와 NGO의 역할」.『한국사회와 행정연구』 14(4).
박세일. 2013.『선진 통일 전략: 21세기 한반도의 꿈』. 21세기북스.
박윤숙. 2010.「북한이탈주민 정착실태와 과제」.『한국사회학회 사회학대회 논문집』 823-839.
박재홍. 1999.「기성세대의 생애사와 세대차이 인지에 관한 연구: 질적 접근」.『한국사회학』 33(여름): 257-296.
박정서. 2011.「탈북 청소년과 남한 청소년의 정치적 태도 비교 연구: 정치효능감과 정치신뢰감을 중심으로」. 서울대학교 대학원 일반사회전공 박사학위논문.
박종민. 1991.「정책산출이 정부신뢰에 주는 영향」.『한국행정학보』 25(1).
박종민·배정현. 2011.「정부신뢰의 원인: 정책결과, 과정 및 산출」.『정부학 연구』 17(2).
박종철·박영호·손기웅·전성훈·최수영. 2005.『2005년도 통일문제 국민여론조사 결과』. 통일연구원.
박찬욱. 2013.「사회통합의 방향: 한국정치의 과제」.『저스티스』 134(2): 61-93.
박통희. 2000.『한국정부의 신뢰성과 시장경제』. 한국행정학회 하계학술대회 논문집.
박혜경. 2011.「문화차는 어디에서 비롯되는가: 생태분화적 연구의 현황과 과제」.『한국심리학회지』 30(1): 265-291.
박희봉·이희창·조연상. 2003.「우리나라 정부신뢰 특성 및 영향 요인 분석」.『한국행정학보』 37(3).
배정현. 2013.「시민의 가치관과 성향에 따른 정부신뢰: 아시아 국가를 중심으로」.『행정논총』 15(3).
배한동. 2000.「한국 대학생의 통일의식에 관한 조사연구」.『한국정치외교사논총』

22(2): 303-349.
배한동·성장환·김영하. 2005. 「북한이주민을 활용한 학교 통일교육 프로그램 개발」. 『중등교육연구』 53(3): 347-380.
백과사전출판사. 2004. 『조선대백과사전』. 평양: 과학백과사전출판사.
백봉종. 1996. 「엘리트 집단의 대 북한관 및 통일·안보의식 분석: 부산·경남 지역 대학생을 중심으로」. 『부산정치학회보』 6: 129-153.
서울대학교 산학협력단. 2012. 「남북한 젊은 세대의 통일 및 정치사회 의식 비교 조사」. 미래기획위원회 보고서.
『세계일보』. 2013. 3. 19.
송영훈. 2013. 「북한주민의 통일과 한반도 미래인식」. 서울대학교 통일평화연구원 편. 『김정은 1년, 북한주민의 의식과 사회변동』 토론집.
신두철. 2012. 「북한이탈주민의 사회통합과 민주시민교육」. 한국민주시민교육학회 세미나(2012.11) 41-58.
신미녀. 2009. 「남북상호인식」. 『북한학』 5(2): 120-143.
신수진·최준식. 2002. 『현대 한국사회의 이중가치체계』. 집문당.
신원식·배지철. 2010. 「북한이탈주민의 한국사회 적응에 대한 인식 유형」. 『사회과학연구』 17(3): 39-60.
안득기. 2007. 「북한 및 통일의식 분석: 대학생들의 인식을 중심으로」. 『북한연구학회보』 11(1): 1-28.
어수영. 1999. 「한국인의 가치변화와 지속성 그리고 민주화」. 『한국정치학회보』 33(3).
_____. 2004. 「가치변화와 민주주의 공고화: 1990-2001년간의 변화 비교연구」. 『한국정치학회보』 38(1): 193-214.
어수영·곽진영. 2001. 「한국인의 정치 참여의 변화와 지속성–남성과 여성의 참여 변화를 중심으로」. 『한국정치학회보』 35(4): 165-188.
에릭 홉스봄. 장문석·박지향 역. 2004. 『만들어진 전통』. 휴머니스트.
유시은·오경자·정안숙·전우택. 2012. 「북한이탈주민의 의식 변화에 대한 질적 연구」. 『통일연구』 16(2): 67-120.
은기수. 2010. 「통일과 북한에 관한 사회조사의 동향과 실태」. 『통일과 평화』 2(2): 35-75.
이갑윤. 2011. 『한국인의 투표 행태』. 후마니타스.

이갑윤·이현우. 2008.「이념투표의 영향력 분석: 이념의 구성, 측정 그리고 의미」. 『현대정치연구』 1(1): 137-166.
이경희. 2011.「통일의식 제고를 위한 대학교육 방향」.『동북아연구』 26(1): 19-50.
이내영. 2011.「한국인의 국가정체성과 북한과 통일에 대한 인식의 변화」. 강원택·이내영 공편.『한국인, 우리는 누구인가?: 여론조사를 통해 본 한국인의 정체성』. 고려대학교 아세아문제연구소.
이내영·정한울. 2007.「이슈와 한국 정당 지지의 변동」.『한국정치학회보』 41(1).
이민규·우형진. 2004.「탈북자들의 텔레비전 드라마 시청에 따른 남한사회 현실 인식에 관한 연구: 문화계발 효과와 문화동화 이론을 중심으로」.『한국언론학보』 48(6): 248-273.
이병수·전영선. 2012.「탈북자 정체성의 이해와 민족의 평등한 이해」. 건국대학교 통일인문학연구단 편.『코리언의 민족정체성』. 선인.
이상신. 2010.「정부신뢰의 위기: 천안함 사건을 중심으로」.『한국정치학회보』 44(4).
이수인. 2010.「일반신뢰와 정부신뢰의 관계와 성별차이에 대한 탐색적 연구: 민주화를 향한 기대와 사회적 관심 및 정부의 매개 작용을 중심으로」.『한국사회학』 44(4).
_____. 2013.「정부신뢰에 대한 정치적 성과와 경제적 성과의 효과 비교와 관계성의 탐색: 성별 차이를 중심으로」.『정부학연구』 19(2).
이숙종. 2006.「정부신뢰와 거버넌스」.『국정관리연구』 1(1).
이영민. 2010.「20대의 정치의식 특성과 정치성향의 형성경로」.『사회연구』 19.
이우영. 2000.「북한의 변화 어떻게 볼 것인가」.『6·15남북공동선언 이후 북한교육 어떻게 할 것인가』. 한국교원단체연합회 주최.
이원봉. 1995.『북한 청소년 생활의 심층연구』. 한국청소년개발원.
이재철. 2012.「남한주민과 북한이탈주민의 정치적 태도 비교분석: 20·30세대를 중심으로」.『비교민주주의연구』 8(2): 67-97.
_____. 2013.「남한주민과 북한이탈주민의 정부신뢰 및 정부신뢰 결정요소 분석: 젊은 세대의 비교」.『정치정보연구』 16(2): 115-143.
이정우. 2006.「탈북 청소년의 집단주의-개인주의 성향에 관한 비교 연구」.『사회과교육연구』 13(2): 159-185.
이정철·김갑식·김효숙. 2011.『북한이탈주민을 통해본 북한 주민의 언론과 사회에 대한 이해』. 한국언론진흥재단.

이창우·임경희. 1986.「대구지역 대학생의 통일에 관한 의식조사」.『통일문제연구』 12: 75-104.

이현주. 2011.「북한집단주의 정치사회화의 심리적 요인에 관한 연구」.『북한연구학회보』 15(2): 291-325.

_____. 2012.「경제난 이후 북한 주민 충성도의 유지와 변화에 대한 연구」.『북한연구학회보』 16(2): 135-171.

이현출. 2005.「한국 국민의 이념성향: 특성과 변화」.『한국정치학회보』 39(2): 321-343.

임희섭. 1994.『한국의 사회변동과 가치관』. 나남.

장성숙. 2004.「한국문화에서 상담자의 초점: '개인중심' 또는 '역할중심'」.『한국심리학회지 사회 및 성격』 18(3): 15-27.

장수찬. 2002.「한국사회에 나타난 악순환의 사이클: 결사체 참여(civic engagement), 사회자본(social capital), 그리고 정부신뢰(confidence in political institutions)」.『한국정치학회보』 36(1): 87-112.

전우택. 1997.「탈북자들의 주요 사회배경에 따른 적응과 자아정체성에 관한 연구」.『통일연구』 1(2): 109-167.

_____. 2001.「통일이 되면 남북한 사람들은 과연 함께 잘 살 수 있을까?」.『통일연구』 5(2): 47-67.

전우택·유시은·조영아·김연희·엄진섭·민성길·김현경·김희진. 2010.『통일실험, 그 7년』. 한울.

전우택·홍창형·엄진섭. 2003.「탈북자들을 통하여 본 북한주민 의식 조사」.『신경정신의학』 42(5): 631-643.

정병호·권헌익. 2013.『극장국가 북한』. 창비.

정은미. 2013.「2013 통일의식 조사 결과: 통일에 대한 인식」. 서울대학교 통일평화연구원 세미나(2013. 9. 26.「박근혜 정부 대북정책에 대한 국민의 평가와 기대」) 발표문.

정은미·송영훈. 2012.「북한주민의 통일의식과 남한사회의 수용성」.『통일문제연구』 57: 2211-2254.

정진경. 2002.「북한사람들의 성역할 특성과 가치관: 탈북자 자료」.『한국심리학회』 21(2): 163-177.

정태연. 2006.「한국인의 가치구조와 행동판단에서의 이중성」.『한국심리학회지』 12(3): 49-68.

정태연·최영진·김영만. 2003.「탈북자가 본 북한의 세대간 차이점과 유사점: 남한과의 비교를 중심으로」.『한국노년학』 23(3): 29-47.

조기숙·남지현. 2007.「대통령의 리더십과 정부신뢰: 노무현 대통령 사례를 중심으로」.『한국과 국제정치』 23(2).

조영호. 2013.「정부신뢰의 선거적 기원: 이명박 집권 중반 시기를 중심으로」.『한국과 국제정치』 29(3).

조정아·임순희·노귀남·이희영·홍민·양계민. 2010.『북한주민의 의식과 정체성: 자아의 독립, 국가의 그늘, 욕망의 부상』. 통일연구원.

조진만·한정택. 2014.「남북한 젊은 세대의 통일의식 비교 분석: 민족적 당위와 현실적 이익의 문제를 중심으로」.『동서연구』 26(1): 149-178.

조한범. 2013.「남북한 사회문화교류확대」.『통일경제』 1: 22-28.

조혜영. 2006.「사회통합적 측면에서 통일교육 내용 구성에 대한 연구」.『윤리교육연구』 10: 231-256.

최경환. 2007.「북한이탈주민의 가치관 변화」.『통일문제연구』 19(2): 343- 371.

최대식·박영자. 2011.「북한이탈주민 정책연구의 동향과 과제」.『국제정치논총』 51(1): 187-214.

최인철. 2012.「한국인의 마음지도 Ⅰ」.『한국심리학회지』 31(2): 435-464.

최수영·김성철·김병로·이우영. 1994.『1994년도 통일문제 국민여론조사 결과』. 민족통일연구원.

최수영·이우영·조민·최진욱. 1995.『1995년도 통일문제 국민여론조사 결과』. 민족통일연구원.

최준영·조진만. 2005.「지역 균열의 변화 가능성에 대한 경험적 고찰」.『한국정치학회보』 39(3).

최태진. 2004.「상호의존형 진로의사결정 유형척도 개발: 개인주의-집단주의 관점」.『상담학연구』 5(3): 647-666.

『통신일보』. 2013. 10. 31.

통일부. 2013a.『북한 이해』. 통일부 통일교육원.

_____. 2013b.『통일문제 이해』. 통일부 통일교육원.

_____. 2013c.『북한이탈주민 정착지원 실무편람』. 통일부 정착지원과.

한광희·정태연. 2001. 「20대가 지각한 청소년과 성인과의 세대차이」. 『한국노년학』 21(1): 1-14.

한규석·신수진. 1999. 「한국인의 선호가치 변화-수직적 집단주의에서 수평적 개인주의로」. 『한국심리학회지 사회 및 성격』 13(2): 293-310.

함인희·한정자. 2000. 「집단별 통일의식 차이에 관한 연구: 청소년, 여성, 386세대를 중심으로」. 『사회과학연구논총』 5: 137-163.

홍승범·박혜경. 2013. 「문화성향과 사회적지지」. 『한국심리학회지』 32(1): 125- 150.

Berger, Peter L., Brigitte Berger, and Hansfried Kellner. 1973. *The Homeless Mind: Modernization and Consciousness*. England: Penguin.

Campbell, Angus, Gerald Gurin, and Warren Miller. 1954. *The Voter Decides.* Evanstone: Row, Peterson.

Campbell, Angus, Philip Converse, Warren Miller, and Donald Stokes. 1960. *The American Voter*. New York: Wiley.

Cohen, D. 2001. "Cultural Variation." *Psychological Bulletin* 127: 451-457.

Cohen, D., R. E. Nisbett, B. F. Bowdle, and N. Schwarz. 1996. "Insult, Aggression, and the Southern Culture of Honor." *Journal of Personality and Social Psyhology* 70: 945-960.

Cole, Richard. 1973. "Toward as Model of Political Trust: A Causal Analysis." *American Journal of Political Science* 17. No. 4.

Coleman, James. 1990. *Foundations of Social Theory*. Cambridge: Belknap Press.

Converse, Philip E. and Gregory B. Markus. 1979. "Plus ca Change…: The New CPS Elections Study Panel." *American Political Science Review* 73(1): 32-49.

Craig, Stephen, Richard Niemi, and Glenn Silver. 1990. "Political Efficacy and Trust: A Report on the NES Pilot Study Items." *Political Behavior* 12. No. 3

Dalton, Russell. 1999. "Political Support in Advanced Industrial Democracies." in Pippa Norris, ed., *Critical Citizens: Global Support for Democratic Government*. Oxford: Oxford University Press.

______. 2008. *Citizen Politics: Public Opinion and Political Parties in Advanced Industrial Democracies*. 5th edition. Washington D. C.: CQ Press.

Delhey, Jan and Kenneth Newton. 2005. "Predicting Cross-National Levels of Social Trust: Global Pattern or Nordic Exceptionalism?" *European Sociological Review* 21. No. 4.

Deutsch, Morton. 1958. "Trust and Suspicion." *Journal of Conflict Resolution* 2. No. 4.

Easton, David. 1975. "A Re-assessment of the Concept of Political Support." *British Journal of Political Science* 5. No. 4.

Ellison, Craig and Ira Firestone. 1974. "Development of Interpersonal Trust as a Function of Self-Esteem, Target Status, and Target Style." *Journal of Personality and Social Psychology* 29. No. 5.

Gambetta, Diego. 1988. *Trust: Making and Breaking Cooperative Relations.* New York: Basil Blackwell.

Hardin, Russell. 1998. "Trust in Government" Valerie Braithwaite and Margaret Levi, eds., *Trust and Government*. New York: Russell Sage Foundation.

Hibbing, John and Elizabeth Theiss-Morse. 2001. "Process Preferences and American Politics: What the People Want Government to Be." *American Political Science Review* 95. No. 1.

Hofstede, Greet H. 1980. *Culture's Consequences: International Differences in Work-related Values.* CA: Sage Publications.

______. 2001. *Culture's Consequences: Comparing Values, Behaviors, Institutions, and Organizations across Nations*. CA: Sage Publications.

Inglehart, Ronald. 1971. "The Silent Revolution in Europe: Intergenerational Change in Post-Industrial Societies." *American Political Science Review* 65: 991-1017.

______. 1984. "Changing Cleavage Alignments in Western Democracies." in Russell Dalton, Scott Flanagan, and Paul Allen Beck. *Electoral Change in Advanced Industrial Democracies*. Princeton: Princeton University Press.

______. 1997. *Modernization and Postmodernization: Cultural, Economic and Political Change in 43 Societies.* Princeton: Princeton University Press.

Inglehart, Ronald and Christian Welzel. 2005. *Modernization, Cultural Change, and Democracy: The Human Development Sequence.* Cambridge: Cambridge University Press.

Inglehart, Ronald and Paul Abramson. 1994. "Economic Security and Value Change." *American Political Science Review* 88(2): 336- 354.

Kane, John. 2001. *The Politics of Moral Capital*. New York: Cambridge University Press.

Kim, Hyung Chan and Dong-Kyu Kim. 2005. *Human Remolding in North Korea: A Social Historical Education.* Lanham: University Press of America.

Klingemann, Hans-Dieter. 1979. "Measuring Ideological Conceptualization." in Samuel Barnes, Max Kasse et al. *Political Action*. Beverly Hills: Sage Publication.

Knusten, Oddbjørn. 1990. "Materialist and Post-materialist Values and Social Structure in Nordic Countries – A Comparative Study." *Comparative Politics* 23(1): 85-104.

Kramer, Roderick. 1999. "Trust and Distrust in Organization: Emerging Perspective, Enduring Questions." *Annual Review of Psychology* 50.

La Porta, Rafael, Florencio Lopez-de-Silanes, Andrei Scheifer, and Robert Vishny. 1997. "Trust in Large Organization." *American Economic Review* 87. No. 2.

Lawrence, Robert. 1997. "Is It Really the Economy, Stupid?" in Joseph Nye, Philip Zelikow, and David King, eds. *Why People don't Trust Government.* Cambridge: Harvard University Press.

Levitin, Teresa E. and Warren El. Miller. 1979. "Ideological Interpretations of Presidential Elections." *American Political Science Review* 73(4): 751-771.

Maslow, Abraham. 1954. *Motivation and Personality.* New York: Harper.

Mayer, Roger, James Davis, and David Schoorman. 1995. "An Integrative Model of Organizational Trust." *Academy of Management Review* 20. No. 3.

Miller, Warren E. and Merrill Shanks. 1996. *The New American Voter.* Cambridge: Harvard University Press.

Mishler, Willaim and Richard Rose. 1997. "Trust, Distrust and Skepticism: Popular Evaluations of Civil and Political Institutions in Post-Communist Societies." *Journal of Politics* 59. No. 2.

_____. 2001. "What Are the Origins of Political Trust?: Testing Institutional and

Cultural Theories in Post-Communist Societies." *Comparative Political Studies* 34. No. 1.

Nie, Norman H., Sidney Verba, and John R. Petrocik. 1979. *The Changing American Voter*. Cambridge: Harvard University Press.

Niemi, Richard G. and Herbert F. Weisberg. 1993. *Classics in Voting Behavior*. Washington D.C.: CQ Press.

Nisbett, R. E. 2003. *The Geography of Thought*. New York: The Free Press.

Norris, Pippa. 1999. "Institutional Explanations for Political Support." in Pippa Norris, ed. *Critical Citizens: Global Support for Democratic Government*. Oxford: Oxford University Press.

OECD. 2010. *OECD Economic Surveys: Korea 2010*. Paris.

Oyserman, Daphna, Heather Coon, and Markus Kemmelmeier. 2002. "Rethinking Individualism and Collectivism: Evaluation of Theoretical Assumptions and Meta-Analyses." *Psychological Bulletin* 128. No. 1.

Pharr, Susan and Robert Putnam. 2000. *Disaffected Democracies: What's Troubling the Trilateral Countries?* Princeton: Princeton University Press.

Robinson, Sandra. 1996. "Trust and Breach of Psychological Contract." *Administrative Science Quarterly* 41. No. 4.

Rotter, Julian. 1980. "Interpersonal Trust, Trustworthiness, and Gullibility." *American Psychologist* 35. No. 1.

Rousseau, Denise, Sim Sitkin, Ronald Burt, and Colin Camerer. 1998. "Not So Different After All: A Cross-Discipline View of Trust." *Academy of Management Review* 23. No. 3

Shin, Doh. 1999. *Mass Politics and Culture in Democratizing Korea*. New York: Cambridge University Press.

Shingles, Richard. 1981. "Black Consciousness and Political Participation: The Mission Link." *American Political Science Review* 75. No. 1.

Sjoblom, Gunnnar. 1993. "Some Critical Remarks on March and Olsen's Rediscovering Institutions." *Journal of Theoretical Politics* 5(3): 397-407.

Taylor, S. E., W. T. Welch, H. S. Kim, and D. K. Sherman. 2007. "Cultural differences in the impact of social support on psychological and biological stress responses." *Psychological Science* September 18(9): 831-837.

Timpone, Richard. 1998. "Structure, Behavior and voter turnout in the United States." *American Political Science Review* 92(1): 145- 158.

Triandis, Haary C. 1995. *Individualism and Collectivism*. Colorado: Westview Press.

Triandis, Haary C., Robert Bontempo, and Marcelo J. Villareal. 1988. "Individualism and Collectivism: Cross-Cultural Perspectives on Self-Ingroup Relationships." *Journal of Personality and Social Psychology* 54(2): 323-338.

Wildavsky, Aaron. 1987. "Choosing Preferences by Constructing Institutions: A Cultural Theory of Preference Formation." *American Political Science Review* 81. No. 1.

Wills, T. A. 1991. "Social Support and Interpersonal Relationships." *Review of Personality and Social Psychology* 12: 265-289.

Yamagishi, Toshio and Midori Yamagishi. 1994. "Trust and Commitment in the United States and Japan." *Motivation and Emotion* 18. No. 2.

Zak, Paul and Stephen Knack. 2001. "Trust and Growth." *Economic Journal* 111.

Zand, Dale. 1972. "Trust and Managerial Problem Solving." *Administrative Science Quarterly* 17. No. 2.

Zucker, Lynne. 1986. "Production of Trust: Institutional Source of Economic Structure, 1840-1920." *Research in Organizational Behavior* 8.

찾아보기

▮ Abstract ▮

Political Attitude of South and North Korean Young Generation: A Comparative Analysis

Won-Taek Kang, Jae-Chul Lee, Jin-Man Cho, Jung-Taek Han,

and Sae-Mee Kim

The purpose of this book is to examine the difference of political attitude between South and North Korean young generation. A primary concern of this book lies at how the longstanding division and the lack of contact in Korean peninsula have created the difference in people's perception, value, and attitude toward politics, democracy and unification. Primarily, this book analyzes young generation of the two Koreas. Young generation has no memory about the state of division and they grew in completely different environments.

Young generation in South Korea has been educated in democratized, affluent, post-cold war environments, which is sharp contrast to old generation. North Korean young generation, in their part, grew up in a totalitarian political system, and watched the hereditary leadership from Kim Il Sung to Kim Jong IL and to Kim Jong Un. It would mean the dissimilar experience between old and young generation in North Korea.

Different from older generation, such dissimilarities that young generation in two Koreas faced could generate the distinctive political attitudes, perceptions and values. Moreover, political, economic and cultural differences between two Koreas could build different values and ideas about authority, political trust, and unification. To analyze the difference, we conducted surveys of young generation, between 19 and 30 in South and North Korea. In particular, we contacted North Korean young defectors as proxy since it is impossible to conduct field research in North Korea. To complement the weak points of survey analysis, we conducted Focus Group Interview for South and North Korean young people.

Our major findings are as follows.

First, South Korean young people are reluctant to unify the peninsular while North Korean young people express a preference for unification. Young people in South Korea favor status quo and concern the cost of unification.

Second, young generation of South and North Korea show the difference in institutional trust and political satisfaction. South Korean young generation tends to be more negative in them. However, political trust that North Korean young people showed tends to decrease as the period of residence in the South increases.

Third, North Korean young people are more collectivistic while South Korean young people are more individualistic. In addition, North Korean young people show a tendency to respect the Confucian tradition about authority. By contrast, South Korean young people tend to ignore them.

Fourth, young people in South Korea demonstrate the higher level of political efficacy when comparing two groups.

Fifth, North Korean young generation overwhelmingly favors a conservative party in South Korea. This finding implies that their ideological tendency is tilted to a conservative.

Finally, when they are categorized as materialist and post-materialist, education and period of residence in the South affect to the post-materialist values of North Korean young people.

부 록

부록 1. 남북한 젊은 세대 연구대상 집단의 분포

2. 설문지

[설문지 A] 남한 젊은 세대를 대상으로 한 설문지

[설문지 B] 북한 젊은 세대를 대상으로 한 설문지

부록 1. 남북한 젊은 세대 연구대상 집단의 분포

표 1 연령별 분포

구분	20~25세	26~30세	31~34세	35~39세	합계
남한 젊은 세대	66	131	182	125	504
북한 젊은 세대	159	108	58	19	344
합계	225	239	240	144	848

표 2 성별 분포

구분	남자	여자	합계
남한 젊은 세대	261	243	504
북한 젊은 세대	133	207	340
합계	394	450	844

표 3 현재 거주지역 분포

구분	서울	부산	대구	인천	광주	대전	울산	경기	강원	충청	전라	경상	제주	합계
남한	113	34	23	29	16	16	11	125	13	34	31	55	4	504
북한	231	4	16	25	3	0	0	56	0	4	0	4	0	343
합계	344	38	39	54	19	16	11	181	13	38	31	59	4	847

표 4 과거 북한 출생지역 분포

평양	강원도	황해 남도	황해 북도	평안 남도	평안 북도	자강도	량강도	함경 남도	함경 북도	합계
10	8	7	7	18	2	6	22	33	227	340

표 5 과거 북한 거주지역 분포

평양	강원도	황해 남도	황해 북도	평안 남도	평안 북도	자강도	량강도	함경 남도	함경 북도	합계
10	11	4	7	14	2	5	17	33	238	341

표 6 남한 내 교육경험

구분	남한	북한
초등학교 졸업	1	3
중학교 졸업	0	8
고등학교 졸업	109	41
대학교 졸업	348	205
대학원 이상	46	2
교육받은 적 없음/무응답	0	78
기타 (대안학교 등)	0	5
합계	504	342

표 7 과거 북한 내 교육경험

구분	북한
소학교 졸업	54
고등중학교 재학	73
고등중학교 졸업	161
전문학교 재학	14
전문학교 졸업	13
대학교 재학	10
대학교 졸업	12
교육받은 적 없음/무응답	5
합계	342

표 8 북한 젊은 세대의 남한 거주기간

구분	명	%
1년 미만	48	13.99
1년	47	13.70
2년	42	12.24
3년	60	17.49
4년	47	13.70
5년	40	11.66
6년	22	6.41
7년	9	2.62
8년	8	2.33
9년	15	4.37
10년 이상	5	1.46
합계	343	100

부록 2. 설문지

[설문지 A] 남한 젊은 세대를 대상으로 한 설문지

남북한 젊은 세대의 통일 및 정치사회 의식 비교 조사

안녕하십니까? 여론조사 전문기관인 한국리서치에서는 서울대학교 한국정치연구소의 의뢰를 받아 남북한 젊은 세대의 통일 및 정치사회 의식에 대한 여론조사를 실시하고 있습니다. 바쁘시더라도 잠시만 시간을 내주시면 감사하겠습니다. 선생님의 답변은 통계법에 의해 엄격히 보호되므로 안심하셔도 됩니다.

선문 1. 응답자 거주 지역

① 서울 ② 부산 ③ 대구 ④ 인천 ⑤ 광주 ⑥ 대전 ⑦ 울산 ⑧ 경기
⑨ 강원 ⑩ 충북 ⑪ 충남 ⑫ 전북 ⑬ 전남 ⑭ 경북 ⑮ 경남 ⑯ 제주

선문 2. 성별 (묻지 말고 기록) ① 남자 ② 여자

선문 3. 태어나신 연도를 기록해 주십시오. (○○○○년)

문 1. 통일이 얼마나 필요하다고 생각하십니까?

① 매우 필요하다 ② 약간 필요하다

③ 별로 필요하지 않다 ④ 전혀 필요하지 않다

문 2. 우리나라가 통일이 되어야 하는 가장 큰 이유는 무엇이라고 생각하십니까?

① 같은 민족이니까 ② 이산가족의 고통을 해결해 주기 위해서

③ 남북 간 전쟁 위협을 없애기 위해서

④ 북한 주민들을 잘살 수 있도록 하기 위해서

⑤ 통일 한국이 보다 강대국/선진국이 되기 위해서

⑥ 기타(적을 것 : ____________________)

문 3. 통일이 언제쯤 가능하다고 생각하십니까?

① 1~5년 ② 6~10년 ③ 11~20년

④ 21~30년 ⑤ 30년 이상 ⑥ 불가능하다

문 4. 통일이 남한에 얼마나 이익이 될 것이라고 생각하십니까?

① 매우 이익이 될 것이다 ② 다소 이익이 될 것이다

③ 별로 이익이 되지 않을 것이다 ④ 전혀 이익이 되지 않을 것이다

문 5. 통일이 북한에 얼마나 이익이 될 것이라고 생각하십니까?

① 매우 이익이 될 것이다 ② 다소 이익이 될 것이다

③ 별로 이익이 되지 않을 것이다 ④ 전혀 이익이 되지 않을 것이다

문 6. 통일이 자신에게 얼마나 이익이 될 것이라고 생각하십니까?

① 매우 이익이 될 것이다 ② 다소 이익이 될 것이다

③ 별로 이익이 되지 않을 것이다 ④ 전혀 이익이 되지 않을 것이다

문 7. 통일 이후 북한 재건을 위하여 추가로 세금을 부담하실 의향이 있으십니까?

① 없다 (**문 8**로) ② 있다 (**문 7-1**로)

문 7-1. 1년에 얼마 정도 통일을 위한 세금을 부담하실 의향이 있으십니까?

① 1만 원 이하 ② 1~3만 원 ③ 3~5만 원 ④ 5~10만 원

⑤ 10~20만 원 ⑥ 20~50만 원 ⑦ 50만 원 이상

문 8. 다음 국가 중 어느 나라를 가장 가깝게 느끼십니까?

① 미국 ② 중국 ③ 일본 ④ 러시아

문 9. 통일을 위하여 다음 중 어떤 것이 더 중요하다고 생각하십니까?

① 미국, 중국, 일본, 러시아 등 주변국들의 협조

② 남북한 간 통일 의지와 관계 개선

문 10. 다음 국가 중 통일에 가장 장애가 되는 국가는 어디라고 생각하십니까?

① 미국　② 중국　③ 일본　④ 러시아

문 11. 다음 국가 중 통일을 가장 잘 도와줄 국가는 어디라고 생각하십니까?

① 미국　② 중국　③ 일본　④ 러시아

문 12. 현 정부의 대북정책에 대하여 얼마나 만족하십니까? 0에서 100점 사이의 점수로 매겨 주십시오. '매우 불만족'이면 0점, '매우 만족'이면 100점입니다. (____점)

문 13. 통일과 관련한 다음 주장들에 대하여 얼마나 동의하십니까?

설문	전혀 동의 안 함	별로 동의 안 함	대체로 동의함	전적으로 동의함
	①	②	③	④
13-1. 남한으로부터의 쌀, 비료, 의약품 등과 같은 인도적 대북지원이 통일에 도움이 된다				
13-2. 남한이 북한과의 교류협력을 확대하는 것이 통일에 도움이 된다				
13-3. 남한에서 미군이 철수하는 것이 통일에 도움이 된다				
13-4. 북한이 핵 미사일 개발을 포기하는 것이 통일에 도움이 된다				
13-5. 어떠한 대가를 치르더라도 가능한 한 빨리 통일되는 것이 좋다				

문 14. 북한 정권이 얼마나 통일을 원한다고 생각하십니까?

① 매우 원한다　② 다소 원한다

③ 별로 원하지 않는다　④ 전혀 원하지 않는다

문 15. 남한의 대북지원이 북한 주민들의 생활에 얼마나 도움이 된다고 생각하십니까?

① 매우 도움이 된다 ② 약간 도움이 된다

③ 별로 도움이 되지 않는다 ④ 전혀 도움이 되지 않는다

문 16. 남북 경제협력이 북한의 개혁·개방에 얼마나 도움이 된다고 생각하십니까?

① 매우 도움이 된다 ② 약간 도움이 된다

③ 별로 도움이 되지 않는다 ④ 전혀 도움이 되지 않는다

문 17. 앞으로 한반도에서 전쟁이 일어날 가능성이 얼마나 있다고 생각하십니까?

① 많이 있다 ② 약간 있다 ③ 별로 없다 ④ 전혀 없다

문 18. 새터민(탈북자)을 어떤 사람이라고 생각하십니까?

① 북한 사람 ② 남한 사람 ③ 북한출신 남한 사람 ④ 재외동포

문 19. 현재 남한의 대북지원을 얼마나 늘려야 한다고 생각하십니까?

① 대폭 늘려야 한다 ② 조금 늘려야 한다

③ 현재 수준으로 유지해야 한다

④ 조금 줄여야 한다 ⑤ 대폭 줄여야 한다

문 20. 남한과 북한은 어떤 관계라고 생각하십니까?

① 형제·자매 ② 친구 ③ 이웃 ④ 적

문 21. 개인적으로 정치에 얼마나 관심이 있습니까?

① 매우 관심이 있다　　　② 다소 관심이 있다
③ 별로 관심이 없다　　　④ 전혀 관심이 없다

문 22. 현재 지지하는 정당은 어느 정당입니까?

① 새누리당　　② 민주통합당　　③ 자유선진당
④ 통합진보당　　⑤ 진보신당　　⑥ 기타 (________)

문 23. 다음 주장들에 대하여 얼마나 동의하십니까?

설 문	전혀 동의 안 함	별로 동의 안 함	대체로 동의함	전적으로 동의함
	①	②	③	④
23-1. 나 같은 사람에게는 투표만이 정부가 어떻게 해야 되는지에 대해 말할 수 있는 유일한 방법이다				
23-2. 투표는 아주 많은 사람들이 하기 때문에 내가 투표하는가 안 하는가는 그리 중요하지 않다				
23-3. 선거에서 어떤 후보에게 투표하는가는 중요하다				
23-4. 누구에게 투표하는가가 미래의 일에 영향을 미친다				
23-5. 공공이익을 증진시키기 위해 국가가 개인의 재산권을 제한할 수 있다				
23-6. 개인은 국가를 위해서 희생을 감수해야 한다				
23-7. 우리 같은 사람은 정부가 하는 일에 대해 말할 자격이나 능력이 없다				
23-8. 국가는 일반대중보다 소수의 지도자가 다스릴 때 잘 되는 법이다				

문 24. 정치체제에 관한 다음 주장 중 선생님의 생각은 어디에 가장 가깝습니까?

① 다른 어떤 형태의 정부보다 민주주의가 항상 더 낫다

② 상황에 따라서 독재정치가 더 낫다

③ 나 같은 사람에게는 민주 정부나 독재 정부나 상관없다

문 25. 현재 남한의 민주주의가 실행되고 있는 방식에 대하여 얼마나 만족하십니까?

① 매우 만족한다 ② 만족스럽다 ③ 불만족스럽다 ④ 매우 불만족한다

문 26. 남한의 다음 각 기관 혹은 단체에 대하여 얼마나 신뢰하십니까?

기관/단체	매우 신뢰	약간 신뢰	별로 신뢰 안 함	전혀 신뢰 안 함
26-1. 대통령	1	2	3	4
26-2. 법원	1	2	3	4
26-3. (중앙) 정부	1	2	3	4
26-4. 정당	1	2	3	4
26-5. 국회	1	2	3	4
26-6. 군대	1	2	3	4
26-7. 경찰	1	2	3	4
26-8. 언론매체	1	2	3	4

문 27. '완전 독재'를 1점, '완전 민주주의'를 10점으로 할 때, 선생님께서는 다음 각 경우에 대해 몇 점을 주시겠습니까?

완전 독재 ... 완전 민주주의

1 2 3 4 5 6 7 8 9 10

27-1. 현재 우리나라(남한)는 몇 점 정도에 있다고 생각하십니까?

__________점

27-2. 현재 북한은 몇 점 정도에 있다고 생각하십니까?

__________점

문 28. 민주주의와 경제발전 중 하나를 선택해야 한다면 무엇이 더 중요하다고 생각하십니까?

① 경제발전이 훨씬 더 중요하다 ② 경제발전이 좀 더 중요하다

③ 민주주의가 좀 더 중요하다 ④ 민주주의가 훨씬 더 중요하다

문 29. 다음 항목에 대해 어떻게 생각하십니까?

설 문	매우 중요함	다소 중요함	별로 중요하지 않음	전혀 중요하지 않음
29-1. 자유로운 선거를 통해서 정치지도자를 선출하는 것	1	2	3	4
29-2. 질서를 유지하기 위해서 집회와 시위를 금지하는 것	1	2	3	4
29-3. 의회의 승인 없이 법을 선포하는 것	1	2	3	4
29-4. 정치적 견해를 자유롭게 표현하는 것	1	2	3	4
29-5. 언론기관이 정부를 비판하지 못하게 하는 것	1	2	3	4
29-6. 여성과 남성이 같은 권리를 갖도록 하는 것	1	2	3	4

문 30. "대부분의 사람들은 신뢰할 수 있다"는 주장과, "사람들을 대할 때 매우 조심해야 한다"는 주장에 대하여 어떻게 생각하십니까?

① 대부분의 사람들은 신뢰할 수 있다

② 사람들을 대할 때 매우 조심해야 한다

문 31. 본인의 삶에 대하여 얼마나 만족하십니까? 1점에서 10점 사이의 점수로 평가해 주십시오. '매우 불만족'이면 1, '매우 만족'이면 10점입니다.

매우 불만족 　　　　　　　　　　　　 매우 만족

1 2 3 4 5 6 7 8 9 10

문 32. 다음 국가목표 중 장기적으로 볼 때 가장 중요한 것과 두 번째로 중요한 것을 각각 하나씩 선택해 주십시오.

국가 목표	가장 중요한 목표	두 번째로 중요한 목표
높은 경제발전 유지		
방위력 증가		
직장과 사회에서의 참여 증대		
환경 개선		
사회의 질서 유지		
정부정책 결정에 국민참여 확대		
물가·인플레 억제		
언론자유 보장		
경제 안정		
좀 더 안정적인 사회로의 발전		
돈보다 아이디어가 중요시되는 사회로 발전		
각종 범죄 소탕		

문 33. 다음 각 견해에 대해 선생님의 생각을 '적극 동의', '동의', '동의 안 함', '전혀 동의 안 함' 중에서 말씀해 주십시오.

설 문	적극 동의	동의	동의 안 함	전혀 동의 안 함
33-1. 직장 상사, 연장자를 대할 때 그들의 권위를 인정하고 따른다	1	2	3	4
33-2. 내가 속한 집단이나 사회의 이익을 나의 이익보다 우선시한다	1	2	3	4
33-3. 정부와 국민과의 관계는 부모와 자식 간의 관계와 같아야 한다	1	2	3	4
33-4. 개인은 사회 전체를 위해 자신의 이익을 희생할 준비가 되어 있어야 한다	1	2	3	4
33-5. 자식은 부모님의 요구가 부당하더라도 따라야 한다	1	2	3	4

문 34. 현재 남한의 경제사정이 어떠하다고 생각하십니까?

① 매우 좋다 ② 좋은 편이다

③ 좋지도 않고 나쁘지도 않다

④ 나쁜 편이다 ⑤ 매우 나쁘다

문 35. 현재 북한의 경제사정이 어떠하다고 생각하십니까?

① 매우 좋다 ② 좋은 편이다

③ 좋지도 않고 나쁘지도 않다

④ 나쁜 편이다 ⑤ 매우 나쁘다

문 36. 북한 김정은으로의 세습에 대해서 어떻게 생각하십니까?

① 김일성-김정일 가문을 잇는 것이기 때문에 당연하다

② 세습은 당연하지만 김정은이 너무 어린 나이에 최고지도자가 되었다

③ 세습에 문제는 있지만 북한으로서는 불가피한 선택이다

④ 3대째 권력을 세습한다는 것은 옳지 않은 일이다

문 37. 과거 김정일 체제와 비교하여 현재 김정은 체제가 남북관계에 어떠한 영향을 미칠 것이라고 예상하십니까?

① 매우 긍정적인 영향을 미칠 것이다

② 다소 긍정적인 영향을 미칠 것이다

③ 별 차이가 없을 것이다

④ 다소 부정적인 영향을 미칠 것이다

⑤ 매우 부정적인 영향을 미칠 것이다

DQ 1. 정치에서 사람들은 보통 진보와 보수를 구분합니다. 숫자 0부터 10까지 중 귀하의 정치적 이념성향은 어디에 가깝다고 생각하십니까? 0에 가까울수록 '진보적', 5는 '중도', 10에 가까울수록 '보수적'입니다.

0	5	10
진보적	중도	보수적

DQ 2. 실례지만 학교는 어디까지 마치셨습니까?

① 초등학교 졸업 ② 중학교 졸업 ③ 고등학교 졸업

④ 대학교 졸업 ⑤ 대학원 이상

DQ 3. 가족 전체의 보너스를 포함한 월평균 소득은 얼마나 됩니까?

① 70만 원 이하 ② 71~100만 원 ③ 101~150만 원

④ 151~200만 원 ⑤ 201~250만 원 ⑥ 251~300만 원

⑦ 301~400만 원 ⑧ 401~500만 원 ⑨ 501~600만 원

⑩ 601만 원 이상

[설문지 B] 북한 젊은 세대를 대상으로 한 설문지

남북한 젊은 세대의 통일 및 정치사회 의식 비교 조사

안녕하십니까? 여론조사 전문기관인 한국리서치에서는 서울대학교 한국정치연구소의 의뢰를 받아 남북한 젊은 세대의 통일 및 정치사회 의식에 대한 여론조사를 실시하고 있습니다. 바쁘시더라도 잠시만 시간을 내주시면 감사하겠습니다. 선생님의 답변은 통계법에 의해 엄격히 보호되므로 안심하셔도 됩니다.

선문 1. 응답자 거주지역

① 서울 ② 부산 ③ 대구 ④ 인천 ⑤ 광주 ⑥ 대전 ⑦ 울산 ⑧ 경기
⑨ 강원 ⑩ 충북 ⑪ 충남 ⑫ 전북 ⑬ 전남 ⑭ 경북 ⑮ 경남 ⑯ 제주

선문 2. 응답자 과거 북한 거주지역

① 평양 ② 강원도 ③ 황해남도 ④ 황해북도 ⑤ 평안남도
⑥ 평안북도 ⑦ 자강도 ⑧ 량강도 ⑨ 함경남도 ⑩ 함경북도

선문 3. 응답자 북한 출생지역

① 평양 ② 강원도 ③ 황해남도 ④ 황해북도 ⑤ 평안남도
⑥ 평안북도 ⑦ 자강도 ⑧ 량강도 ⑨ 함경남도 ⑩ 함경북도

선문 4. 성별 (묻지 말고 기록) ① 남자 ② 여자

선문 5. 태어나신 연도를 기록해 주십시오. (○○○○년)

선문 6. 남한에 체류하신 지 얼마나 되십니까? (○○년 ○○개월)

선문 7. 남한 이외 지역에서 거주하신 적이 있습니까?
(예를 들어 중국, 태국 등)

문 1. 통일이 얼마나 필요하다고 생각하십니까?

① 매우 필요하다 ② 약간 필요하다

③ 별로 필요하지 않다 ④ 전혀 필요하지 않다

문 2. 우리나라가 통일이 되어야 하는 가장 큰 이유는 무엇이라고 생각하십니까?

① 같은 민족이니까 ② 이산가족의 고통을 해결해 주기 위해서

③ 남북 간 전쟁 위협을 없애기 위해서

④ 북한 주민들을 잘살 수 있도록 하기 위해서

⑤ 통일 한국이 보다 강대국/선진국이 되기 위해서

⑥ 기타 (적을 것 : ______________)

문 3. 통일이 언제쯤 가능하다고 생각하십니까?

① 1~5년 ② 6~10년 ③ 11~20년

④ 21~30년 ⑤ 30년 이상 ⑥ 불가능하다

문 4. 통일이 남한에 얼마나 이익이 될 것이라고 생각하십니까?

① 매우 이익이 될 것이다 ② 다소 이익이 될 것이다

③ 별로 이익이 되지 않을 것이다 ④ 전혀 이익이 되지 않을 것이다

문 5. 통일이 북한에 얼마나 이익이 될 것이라고 생각하십니까?

① 매우 이익이 될 것이다 ② 다소 이익이 될 것이다

③ 별로 이익이 되지 않을 것이다 ④ 전혀 이익이 되지 않을 것이다

문 6. 통일이 자신에게 얼마나 이익이 될 것이라고 생각하십니까?

① 매우 이익이 될 것이다 ② 다소 이익이 될 것이다

③ 별로 이익이 되지 않을 것이다 ④ 전혀 이익이 되지 않을 것이다

문 7. 통일 이후 북한 재건을 위하여 추가로 세금을 부담하실 의향이 있으십니까?

① 없다 (**문 8**로) ② 있다 (**문 7-1**로)

문 7-1. 1년에 얼마 정도 통일을 위한 세금을 부담하실 의향이 있으십니까?

① 1만 원 이하 ② 1~3만 원 ③ 3~5만 원 ④ 5~10만 원

⑤ 10~20만 원 ⑥ 20~50만 원 ⑦ 50만 원 이상

문 8. 다음 국가 중 어느 나라를 가장 가깝게 느끼십니까?

① 미국 ② 중국 ③ 일본 ④ 러시아

문 9. 통일을 위하여 다음 중 어떤 것이 더 중요하다고 생각하십니까?

① 미국, 중국, 일본, 러시아 등 주변국들의 협조

② 남북한 간 통일 의지와 관계 개선

문 10. 다음 국가 중 통일에 가장 장애가 되는 국가는 어디라고 생각하십니까?

① 미국 ② 중국 ③ 일본 ④ 러시아

문 11. 다음 국가 중 통일을 가장 잘 도와줄 국가는 어디라고 생각하십니까?

① 미국 ② 중국 ③ 일본 ④ 러시아

문 12. 현 정부의 대북정책에 대하여 얼마나 만족하십니까? 0에서 100점 사이의 점수로 매겨 주십시오. '매우 불만족'이면 0점, '매우 만족'이면 100점입니다. (____점)

문 13. 통일과 관련한 다음 주장들에 대하여 얼마나 동의하십니까?

설 문	전혀 동의 안 함	별로 동의 안 함	대체로 동의함	전적으로 동의함
	①	②	③	④
13-1. 남한으로부터의 쌀, 비료, 의약품 등과 같은 인도적 대북지원이 통일에 도움이 된다				
13-2. 남한이 북한과의 교류협력을 확대하는 것이 통일에 도움이 된다				
13-3. 남한에서 미군이 철수하는 것이 통일에 도움이 된다				
13-4. 북한이 핵 미사일 개발을 포기하는 것이 통일에 도움이 된다				
13-5. 어떠한 대가를 치르더라도 가능한 한 빨리 통일되는 것이 좋다				

문 14. 북한 정권이 얼마나 통일을 원한다고 생각하십니까?

① 매우 원한다 ② 다소 원한다

③ 별로 원하지 않는다 ④ 전혀 원하지 않는다

문 15. 남한의 대북지원이 북한 주민들의 생활에 얼마나 도움이 된다고 생각하십니까?

① 매우 도움이 된다 ② 약간 도움이 된다

③ 별로 도움이 되지 않는다 ④ 전혀 도움이 되지 않는다

문 16. 남북 경제협력이 북한의 개혁·개방에 얼마나 도움이 된다고 생각하십니까?

① 매우 도움이 된다　② 약간 도움이 된다

③ 별로 도움이 되지 않는다　④ 전혀 도움이 되지 않는다

문 17. 앞으로 한반도에서 전쟁이 일어날 가능성이 얼마나 있다고 생각하십니까?

① 많이 있다　② 약간 있다　③ 별로 없다　④ 전혀 없다

문 18. 현재 남한은 쌀, 비료, 의약품 등 다양한 방식으로 북한을 지원하고 있습니다. 남한의 대북지원을 얼마나 늘려야 한다고 생각하십니까?

① 대폭 늘려야 한다　② 조금 늘려야 한다

③ 현재 수준으로 유지해야 한다

④ 조금 줄여야 한다　⑤ 대폭 줄여야 한다

문 19. 남한과 북한은 어떤 관계라고 생각하십니까?

① 형제·자매　② 친구　③ 이웃　④ 적　⑤ 외국인

문 20. 개인적으로 정치에 얼마나 관심이 있습니까?

① 매우 관심이 있다　② 다소 관심이 있다

③ 별로 관심이 없다　④ 전혀 관심이 없다

문 21. 현재 지지하는 정당은 어느 정당입니까?

① 새누리당　② 민주통합당　③ 자유선진당

④ 통합진보당　⑤ 진보신당　⑥ 기타 (________)

문 22. 다음 주장들에 대하여 얼마나 동의하십니까?

설 문	전혀 동의 안 함	별로 동의 안 함	대체로 동의함	전적으로 동의함
	①	②	③	④
22-1. 나 같은 사람에게는 투표만이 정부가 어떻게 해야 되는지에 대해 말할 수 있는 유일한 방법이다				
22-2. 투표는 아주 많은 사람들이 하기 때문에 내가 투표하는가 안 하는가는 그리 중요하지 않다				
22-3. 선거에서 어떤 후보에게 투표하는가는 중요하다				
22-4. 누구에게 투표하는가가 미래의 일에 영향을 미친다				
22-5. 필요한 경우 국가가 개인의 재산문제에 간섭할 수 있다.				
22-6. 개인은 국가를 위해서 희생을 감수해야 한다				
22-7. 우리 같은 사람은 국가(정부)가 하는 일에 대해 말할 자격이나 능력이 없다				
22-8. 국가는 일반대중보다 소수의 지도자가 다스릴 때 잘 되는 법이다				

문 23. 정치체제에 관한 다음 주장 중 선생님의 생각은 어디에 가장 가깝습니까?

① 다른 어떤 형태의 정부보다 민주 정부가 항상 더 낫다

② 상황에 따라서 독재정치가 더 낫다

③ 나 같은 사람에게는 민주 정부나 독재 정부나 상관없다

문 24. 현재 남한의 정치에 대하여 얼마나 만족하십니까?

① 매우 만족한다 ② 만족스럽다 ③ 불만족스럽다 ④ 매우 불만족한다

문 25. 남한의 다음 각 기관 혹은 단체에 대하여 얼마나 신뢰하십니까?

기관/단체	매우 신뢰	약간 신뢰	별로 신뢰 안 함	전혀 신뢰 안 함
25-1. 대통령	1	2	3	4
25-2. 법원	1	2	3	4
25-3. 정부(내각)	1	2	3	4
25-4. 정당	1	2	3	4
25-5. 국회	1	2	3	4
25-6. 군대	1	2	3	4
25-7. 경찰	1	2	3	4
25-8. 언론매체 (텔레비전, 신문 등)	1	2	3	4

문 26. '완전 독재'를 1점, '완전 민주주의'를 10점으로 할 때, 선생님께서는 다음 각 경우에 대해 몇 점을 주시겠습니까?

완전 독재 — 완전 민주주의

1 2 3 4 5 6 7 8 9 10

26-1. 현재 우리나라(남한)는 몇 점 정도에 있다고 생각하십니까?

____________점

26-2. 현재 북한은 몇 점 정도에 있다고 생각하십니까?

____________점

문 27. 민주주의와 경제발전 중 하나를 선택해야 한다면 무엇이 더 중요하다고 생각하십니까?

① 경제발전이 훨씬 더 중요하다 ② 경제발전이 좀 더 중요하다

③ 민주주의가 좀 더 중요하다 ④ 민주주의가 훨씬 더 중요하다

문 28. 다음 항목에 대해 어떻게 생각하십니까?

설 문	매우 중요함	다소 중요함	별로 중요하지 않음	전혀 중요하지 않음
28-1. 자유로운 선거를 통해서 정치지도자를 선출하는 것	1	2	3	4
28-2. 질서를 유지하기 위해서 집회와 시위를 금지하는 것	1	2	3	4
28-3. 의회의 승인 없이 법을 선포하는 것	1	2	3	4
28-4. 정치적 견해를 자유롭게 표현하는 것	1	2	3	4
28-5. 방송이나 신문 등의 언론기관이 정부를 비판하지 못하게 하는 것	1	2	3	4
28-6. 여성과 남성이 같은 권리를 갖도록 하는 것	1	2	3	4

문 29. "대부분의 사람들은 신뢰할 수 있다"는 주장과, "사람들을 대할 때 매우 조심해야 한다"는 주장에 대하여 어떻게 생각하십니까?

① 대부분의 사람들은 신뢰할 수 있다

② 사람들을 대할 때 매우 조심해야 한다

문 30. 본인의 삶에 대하여 얼마나 만족하십니까? 1점에서 10점 사이의 점수로 평가해 주십시오. '매우 불만족'이면 1, '매우 만족'이면 10점입니다.

매우 불만족 … 매우 만족

1 2 3 4 5 6 7 8 9 10

문 31. 다음 국가목표 중·장기적으로 볼 때 가장 중요한 것과 두 번째로 중요한 것을 각각 하나씩 선택해 주십시오.

국가목표	가장 중요한 목표	두 번째로 중요한 목표
높은 경제발전 유지		
방위력 증가		
직장과 사회에서의 참여 증대		
환경 개선		
사회의 질서 유지		
정부정책 결정에 국민참여 확대		
생활용품 가격인상 억제/물가인플레 억제		
언론자유 보장		
경제 안정		
좀 더 안정적인 사회로의 발전		
돈보다 창의성이 중요시되는 사회로 발전		
각종 범죄 소탕		

문 32. 다음 각 견해에 대해 선생님의 생각을 '적극 동의', '동의', '동의 안 함', '전혀 동의 안 함' 중에서 말씀해 주십시오.

설 문	적극 동의	동의	동의 안 함	전혀 동의 안 함
32-1. 직장 상사, 연장자를 대할 때 그들의 권위를 인정하고 따른다	1	2	3	4
32-2. 내가 속한 집단이나 사회의 이익을 나의 이익보다 우선시한다	1	2	3	4
32-3. 정부와 국민과의 관계는 부모와 자식 간의 관계와 같아야 한다	1	2	3	4
32-4. 개인은 사회 전체를 위해 자신의 이익을 희생할 준비가 되어 있어야 한다	1	2	3	4
32-5. 자식은 부모님의 요구가 부당하더라도 따라야 한다	1	2	3	4

문 33. 현재 남한의 경제사정이 어떠하다고 생각하십니까?

① 매우 좋다 ② 좋은 편이다

③ 좋지도 않고 나쁘지도 않다

④ 나쁜 편이다 ⑤ 매우 나쁘다

문 34. 현재 북한의 경제사정이 어떠하다고 생각하십니까?

① 매우 좋다 ② 좋은 편이다

③ 좋지도 않고 나쁘지도 않다

④ 나쁜 편이다 ⑤ 매우 나쁘다

문 35. 북한 김정은으로의 세습에 대해서 어떻게 생각하십니까?

① 김일성-김정일 가문을 잇는 것이기 때문에 당연하다.

② 세습은 당연하지만 김정은이 너무 어린 나이에 최고지도자가 되었다.

③ 세습에 문제는 있지만 북한으로서는 불가피한 선택이다.

④ 3대째 권력을 세습한다는 것은 옳지 않은 일이다.

문 36. 과거 김정일 체제와 비교하여 현재 김정은 체제가 남북관계에 어떠한 영향을 미칠 것이라고 예상하십니까?

① 매우 긍정적인 영향을 미칠 것이다

② 다소 긍정적인 영향을 미칠 것이다

③ 별 차이가 없을 것이다

④ 다소 부정적인 영향을 미칠 것이다

⑤ 매우 부정적인 영향을 미칠 것이다

DQ 1. 정치에서 사람들은 보통 전통을 중시하는 보수와 현실의 변화를 추구하는 진보를 구분합니다. 숫자 0부터 10까지 중 귀하의 정치적 이념성향은 어디에 가깝다고 생각하십니까? 0에 가까울수록 '진보적', 5는 '중도', 10에 가까울수록 '보수적'입니다.

0	5	10
진보적	중도	보수적

DQ 2. 실례지만 북한에서 학교는 어디까지 마치셨습니까?

① 소학교 졸업 ② 고등중학교 재학 ③ 고등중학교 졸업
④ 전문학교 재학 ⑤ 전문학교 졸업 ⑥ 대학교 재학
⑦ 대학교 졸업

DQ 3. 남한에서 교육받으신 적이 있습니까?

① 초등학교 졸업 ② 중학교 졸업 ③ 고등학교 졸업
④ 대학교 재학 ⑤ 대학교 졸업 ⑥ 대학원 이상

DQ 4. 가족 전체의 추가수입을 포함한 월급은 얼마나 되십니까?

① 70만 원 이하 ② 71~100만 원 ③ 101~150만 원
④ 151~200만 원 ⑤ 201~250만 원 ⑥ 251~300만 원
⑦ 301~400만 원 ⑧ 401~500만 원 ⑨ 501~600만 원
⑩ 601만 원 이상

저자 약력

강원택

서울대학교 정치외교학부 교수
영국 런던정경대(LSE) 정치학 박사
한국정당학회 회장, 한국정치학회 부회장 역임
주요 저서: 『정당은 어떻게 몰락하나: 영국 자유당의 역사』(2013), 『통일 이후의 한국 민주주의』(2011), 『한국 선거정치의 변화와 지속』(2010), 『보수정치는 어떻게 살아남았나: 영국 보수당의 역사』(2008), 『한국의 선거 정치: 이념, 지역, 세대와 미디어』(2003) 등

이재철

동국대학교 정치행정학부 정치외교전공 부교수
미국 미주리대학교(University of Missouri) 정치학 박사
주요 저서와 논문: 「선거 공영제의 평가: 공직선거법 및 정치자금법 분석」, 『공정사회와 정치개혁』(2013), 「한국사회의 양극화와 세계화 그리고 시민사회」, 『세계화와 한국의 시민국가 II』(2009), 「세계화와 한국의 시민사회: 평화운동을 중심으로」, 『세계화와 한국의 시민국가 I』(2008) 등

조진만

덕성여자대학교 정치외교학과 조교수
연세대학교 정치학 박사
주요 저서와 논문: 『견제와 균형: 인사청문회의 현재와 미래를 말하다』(2013), 「18대 대통령 선거와 지역주의: 지속 혹은 변화?」, 『새로운 행정부의 대내외 과제와 전망: 변화와 지속』(2012), 「권력의 집중과 분산, 그리고 견제와 균형의 거버넌스」, 『한국의 오늘과 내일을 말하다』(2012), 『선거제도의 변화와 17대 총선』(2006) 등

한정택

연세대학교 북한연구원 전문연구원
연세대학교 정치학 박사
주요 저서와 논문: "The Political Information Environment and Political Participation: The 18th Korean Presidential Election," *Korea Observer* Vol. 45, No. 4(2014), 「남북한 젊은 세대의 통일의식 비교 분석」, 『동서연구』 26(1)(2014), 「민주화 이후 호남의 소지역주의」, 『현상과 인식』 37, 57-77(2013), 「현직자의 당적변경과 재당선」, 『한국정치학회보』 45(2), 99-119(2011) 등

김새미

경희대학교 문화예술경영연구소 연구위원
이화여자대학교 지역연구 박사
주요 저서와 논문: 『공연예술 글로벌 역량강화사업』(2011), 「영국 문화주도 재생정책 뉴캐슬게이츠헤드 사례」, 『유럽연구』 30(3)(2012) 등

서울대학교통일학연구총서

01 북한체제의 형성과 한반도 국제정치
김세균 외 7인

02 북한 산업개발 및 남북협력방안 – 지리적 접근
박삼옥 · 허우긍 · 박기호 · 박수진

03 탈북 가족의 적응과 심리적 통합
이순형 · 조수철 · 김창대 · 진미정

04 남북한 환경정책 비교연구 1
윤여창 외 6인

05 남북한 환경정책 비교연구 2
김정욱 외 4인

06 남북통합지수, 1989~2007
김병연 · 박명규 · 김병로 · 정은미

07 통일한국의 어린이 영양
이연숙 · 윤지현 · 심재은 · 장수정

08 북미 대립 – 탈냉전 속의 냉전 대립
장달중 · 이정철 · 임수호

09 네트워크 세계정치 – 은유에서 분석으로
하영선 · 김상배 엮음

10 김일성사회주의청년동맹과 조선민주녀성동맹 – 사회변동과 체제유지의 기제
이온죽 · 이인정

11 다플랫폼 다채널 시대의 통일방송
윤석민 · 배진아 · 곽정래 · 이현우 · 채정화

12 기초자료로 본 독일 통일 20년
임홍배 · 송태수 · 정병기

13 탈북인의 공 · 사적 관계와 의사소통
이순형 · 김창대 · 진미정

14 북한의 『조선어학전서』 연구
권재일

15 판례로 보는 남북한관계
이효원

16 북한 경제에서의 시장과 정부
김병연 · 양문수

17 통일농업 성장보고서(1991–2009) – 남북농업 교류협력 평가와 발전방향
최정남 · 김완배 · 리금 · 최장호

18 남북한 교류협력 거버넌스의 구조와 동학
정근식 · 정은미 · 강동완

19 독일 통일과 여성 – 젠더 관점에서 조망한 독일의 분단과 재통일
한정숙 · 홍찬숙 · 이재원

20 북한사회와 굴절된 근대 – 인구, 국가, 주민의 삶
박경숙

21 북한이탈청소년과 남한청소년의 도덕성, 법의식과 권위 인식
이순형 · 김창대 · 진미정

22 남북 언어의 어휘 단일화
권재일